국민검사
신성식의
공공재 검사
이야기

신성식 지음

진짜
검사

해피스토리

CONTENTS

CONTENTS

prologue_ 16

첫 장.　　　　검사로 정치를 읽다

이재명은 먼지도 없었다_ 23

삼바 사건을 아는가!_ 29

언론이 수사도 정치도 만든다_ 35

언론의 가스라이팅_ 38

이재명 변호사비 대납 의혹사건 후기_ 41

눈으로 본 그대로, 눈으로 확인한 그대로_ 44

진실보다 일단 털자_ 47

정치판의 네거티브 메커니즘_ 49

수사든 정치든, 네거티브도 발전한다_ 51

죄를 만드는 정치판, 수사는 따를 뿐_ 53

정치가 저질러 놓은 형식적 법치주의_ 56

경제적 공동체_ 59

정치를 엿보던 신성식, 정치를 곧장 읽게 된 신성식_ 61

비겁하면 진 게임이다_ 63

시스템의 변화가 필요하다_ 65

둘째 장.   가족

기억, 소년이 달린다_ 71
소년 그리고 나_ 74
교육이 필요해_ 77
험한 땅을 일군 부모님_ 82
욕심 많던 남매와 욕심을 버린 남매_ 85
나의 멋진 스승_ 88
조용하지만 더디지 않은 소년_ 90
상상의 아이 신성식_ 93
창의성을 발휘한 아버지_ 95
아버지의 지혜_ 99
아버지는 실행의 아이콘_ 103
얌전한 듯 활동적인 아이_ 105
용기가 생긴 아이_ 109
나는 준비된 검사였을까?_ 114
중학교 시절의 나_ 119
처음 본 넓은 세상_ 122
인내의 시간들_ 127
대학에 떨어지던 날_ 129
핏줄이 뭐기에_ 131
법을 공부하리라_ 135
홀로 서야하는 세상에서_ 137
나의 운명론, 검사!_ 141

CONTENTS

셋째 장.   검사 신성식

검사내전_ 157

순천으로 가는 길_ 160

결국 사람, 사람이었다_ 163

검사 일기_ 165

기막힌 일들_ 168

검사 사건일지_ 171

반전의 기록_ 175

수사 메모_ 178

교육 체제가 범죄를 줄인다_ 180

끊이지 않는 범죄_ 184

세상의 발전에 발맞추는 범죄_ 187

사회구조 건의_ 191

넷째 장.   이웃 같은 정치인을 꿈꾸다

정치의 '방법'_ 201
정치도 선수가 뛰어야 한다_ 204
'정치검찰' 브랜드는 누가 만들었나_ 208
오만이 자처한 불운_ 211
검수완박의 이론_ 214
나의 이론_ 216
각자 맡은 역할이 있다_ 219
검찰, 개혁이 필요해!_ 223
개혁은 경찰도 필요하다_ 226
현 공수처의 맹점_ 229
정치, 완전한 시스템을 만들어야 한다_ 231
검찰은 무조건 믿지 못할 사람일까?_ 234
검찰도 고발당할 수 있다_ 236
전문조직의 필요성_ 238
다른 정치인이 되는 방법!_ 242

epilogue _ 252

검사 선서

나는 이 순간 국가와 국민의 부름을 받고
영광스러운 대한민국 검사의 직에 나섭니다.

공익의 대표자로서
정의와 인권을 바로 세우고
범죄로부터 내 이웃과 공동체를 지키라는
막중한 사명을 부여받은 것입니다.

나는
불의의 어둠을 걷어내는 용기 있는 검사,
힘없고 소외된 사람들을 돌보는 따뜻한 검사,
오로지 진실만을 따라가는 공평한 검사,
스스로에게 더 엄격한 바른 검사로서,
처음부터 끝까지 혼신의 힘을 다해
국민을 섬기고 국가에 봉사할 것을
나의 명예를 걸고 굳게 다짐합니다.

검사 **신 성 식**

추천사

사회적 약자를 위한 따뜻한 검사, 신성식

사회복지법인 복음자리 이사장 신명자(故 제정구 국회의원 부인)

저자는 이 책에서 법조인으로서의 지난 23년을 회고하며 직접 경험한 법조계의 현실과 정치적 문제를 솔직하게 다루고 있습니다. 그 과정에서 겪은 다양한 사건과 고민을 세밀하게 그려내며, 원칙에 기반한 법 집행의 중요성과 정의를 향한 확고한 태도로 진실을 밝히는 데 전념했던 검사로서의 성찰과 철학을 담아내고 있습니다.

1972년 청계천 판자촌에서 야학교사로 소외계층을 가르친 것이 계기가 되어 빈민운동에 투신한 고(故) 제정구 의원은 도시 빈민의 벗, 철거민의 대부로 불릴 만큼 도시 철거민들의 정착 문제에 힘을 쏟았습니다. 빈민운동에 헌신한 공로로 1986년에 일생의 동지인 정일우 신부와 함께 막사이사이상을 공동 수상하기도 했습니다.

평생을 빈민 사회운동가로 활동한 고(故) 제정구 의원의 뜻을 이어받아 사회적 약자를 위해 따뜻한 검사가 되고자 했던 저자의 고군분투기를 통해, 지금 우리 사회가 직면한 문제들에 대해 더 깊이 이해하고 해결책을 모색하는 데 큰 도움을 받을 수 있을 것입니다.

이 책은 정의를 향한 저자의 끊임없는 투쟁의 과정을 함께하며 지금 우리에게 필요한 공정과 정의의 중요성을 찾아갈 수 있는 길잡이 역할을 할 수 있을 것이라 기대합니다.

큰 용서를 하는 큰 검사

양중진 변호사(전 수원지검 1차장검사)

햇볕이 화창하던 어느 날이었습니다. 부장 두 명이 헐레벌떡 제 방으로 찾아왔습니다.

"차장님! 그게 사실입니까?"

"다짜고짜 사실이냐니? 무슨 말이야?"

"아직 모르셨어요? 내부 게시판에 난리가 났습니다."

"왜? 뭐가 문제지?"

사연은 이렇습니다. 개인 사정으로 퇴직을 하는 검사가 있어 검사장실에서 차를 한 잔 같이하면서 이런저런 덕담을 나누었지요. 서로에게 좋은 말을 해주면서 친정인 검찰에 대한 애정도 당부하는 자리였지요. 그런데 면담을 마치고 나간 퇴직 검사가 동기들 단톡방에 올린 글이 문제가 되었습니다. 아마도 흥미를 위해 별생각 없이 가볍게 쓴 글이었을 겁니다.

'검사장님이 차를 마시면서 "변호사가 되면 검수완박 법안을 찬성하는 글을 신문에도 게재하고 정당성을 홍보해주면 좋겠다." 이렇게 말씀하셨다. 옆에서 듣고 있던 차장님들과 국장님들은 주먹을 부르르 쥐면서 분노하고 있었다.'

이런 내용이었지요.

당시는 검수완박 법안에 대해 검찰 내에서 위기감이 매우 컸습니다. 아니, 위기감을 넘어 조직존폐론까지 등장하던 시절이었지요. 그런 와중에 단톡방을 읽은 동기 검사들이 여기저기 퍼나르기를 했던 것입니다. 그런 소식을 들었으니 검사들로서는 당연히 어이가 없고, 화가 날 수밖에 없었을 테지요. 이를 확인한 부장들이 검사장실에 항의하러 가기 전에 현장에 있었던 저에게 사실인지 물으러 온 것이었습니다.

저로서는 너무 어이가 없어 실소를 금치 못했습니다. 사실관계가 완전히 왜곡되어 있었거든요.

'당신이 다른 사람들이 이해하기 쉽게 글도 잘 쓰고, 언론 활동을 자주 하니 그 재주를 살려서 검수완박 법안의 문제점에 대해 일반인들에게 잘 설명해 주면 좋겠다.'

제가 들은 이야기는 이랬거든요. 제가 잘못 들었나 싶어 같이 들었던 분들에게도 확인을 해봤는데, 모두 같은 취지로 이야기했습니다. 저에게도 마침 여기저기에서 사실관계가 맞는지 확인하는 전화와 문자가 쏟아지고 있었습니다.

부장들에게 사실관계를 설명하고, 검사장실로 갔습니다. 검사장도 이미 여기저기에서 연락을 받아 문제가 심각하다는 사실을 알고 있었습니다. 저는 그 검사가 이미 퇴직을 했지만, 명백한 명예훼손이니 뭔가 조치를 취해야 한다고 생각했지요. 그런데 그 분의 생각은 달랐습니다.

깜짝 놀란 그 검사가 전화를 걸어 와서 사죄를 했으니 그걸로 된 것이라는 것이었지요. 그냥 동기들에게 재미로 올린 글의 파장이 이렇게까지 커질지는 몰랐다는 취지도 덧붙였답니다.

저 같으면 그렇게 쉽게 용서하지는 못했을 것 같습니다. 당시 검사장은 많은 오해로 인해 굉장히 곤경에 처해 있는 상황이었거든요.

그런데 자신에 대한 오해와 비난의 목소리를 감내하고 후배의 사과 한 마디로 용서한 사람, 그가 바로 제가 본 신성식입니다.

PROLOGUE

바른 검사로, 바른 국민으로 살아온 삶

검찰이 가장 우선 하는 일은 피해자의 말 듣기입니다. 피해자의 고소나 피해호소로 증거를 수집하고 수사를 시작해, 범죄가 입증될 경우 재판에 넘기게 됩니다. 검찰은 오로지 진실을 규명하는 것에만 집중해야 합니다. 외압도, 추측도, 거짓도 있을 수 없습니다. 드러난 증거로 수사하고 판단함으로써 법치주의를 실현하고, 사회의 안전과 질서를 유지하는 중요한 역할을 수행하는 것이 검찰의 역할입니다.

검찰에 몸담은 지 22년, 치열하게 사랑했던 검찰이 지금은 비난의 대상이 되었습니다.

검찰에 대한 불신은 사회적 이목이 집중된 정치적 사건으로 시작되었습니다. 이득과 손해를 저울질하는 시선과 말들로 수사는 방해받고, 확인되지 않은 추측은 사실인양 둔갑하는 사이, 검찰은 흔들렸고 국민들은 등을 보이기 시작했습니다.

처의 이종사촌 형부로 투병 중이던 제정구 의원을 뵌 게 2004년이었습니다. 빈민의 대부로 불리던 그는 내게 간곡히 말했습니다. '힘없고 소외된 사람들을 위한 법조인이 되라.' 그 뜨겁고 애절하던 눈빛을 잊어 본 적 없습니다. 뜻대로 나는 억울한 사람들을 위한 따뜻한 검사가 되고자 했습니다. 사회적 이목을 *끄*는 경우도 마찬가지였습니다.

방법은 단순했습니다.

"공생명편생암"(公生明偏生闇)

공평·공정한 마음은 밝음을 낳고, 편협한 마음은 어둠을 낳는다고 했습니다.

그동안 검사 선서를 늘 상기했고 원칙을 잊은 적이 없습니다. 그건 너무 당연해서 주장할 거리도 안 됩니다.

'불의에 어둠을 걷어내는 용기 있는 검사'

'힘없고 소외된 사람들을 돌보는 따뜻한 검사'

'오로지 진실만을 따라가는 공평한 검사'

'스스로에게 더 엄격한 바른 검사'

삼성 바이오로직스 사태, 이른바 삼바사건으로 불리던 사건을 수사하고 한수원 비리사건을 지휘했습니다. 김학의 불법출금수사 무마사건을 지휘했습니다. 늘 중립적 위치에서 원칙에만 충실했습니다. 다른 것은 보지 않았고 저울질도 하지 않았습니다. 눈에 보이는,

확인 가능한 증거로만 사건을 바라봤습니다. 그저 검사로서의 사명만 감당했습니다. 결과로 문재인정부 시절 검사장으로 승진, 요직을 맡았습니다.

하지만, 세상은 멋대로 굴러갔습니다. 현정권이 들어서며 맡게 된 이재명대표 대납수사사건, 그의 후배라는 이유만으로 언론은 나를 정치검사로 만들고, 실체가 없는 의혹을 키워 수사를 어렵게 했습니다. 하지만, 거짓을 말할 수는 없었습니다.

'정치 검사 신성식'

등에 억울한 낙인이 찍혀, 광주고검 차장검사로 좌천된 것도 모자라 한 달 후 법무연수원 연구위원이 되어버렸습니다. 그럼에도 좌절 따위는 하지 않았습니다. 그간 최선을 다했고 부끄럽지 않게 살았기 때문입니다. 같은 상황이 반복되어도 나는 같은 길을 걸었을 것이기에! 거짓은 진실 앞에 반드시 무릎 꿇게 되어 있기에!

범죄자들과 싸우며 살아온 22년의 세월, 이제 새로운 길을 가려고 합니다. 검사의 길이 자신 없어서도, 불편해서도 아닙니다. 국민에게 더 가까이 다가가고자 그 첫 발을 내딛으려 합니다.

자신합니다.

그게 어떤 모습일지라도 저는 달라지지 않을 것입니다. 검사생활 22년 동안 '바른 검사', '바른 국민'으로 살아온 삶 그대로!

첫 장.

검사로

정치를 읽다

이재명은 먼지도 없었다

 이재명 대표 변호사비 대납 의혹사건.

 확인 또 확인을 했다. 아무리 털어도 티끌조차 발견할 수 없었다. 이미 시작부터 비상식적이었다.

 화살이 앞뒤에서 날아온다면 셋 중 하나다. 절묘하게 모두 피하거나, 한쪽만 맞거나, 아니면 양쪽 모두 맞거나. 그때 내가 그랬고 수사팀 모두가 그랬다. 어떤 결론이 나와도 양쪽 진영에서 공격받을 수밖에 없는 처지, 어느 쪽으로 골을 넣어도 누구도 환호하지 않을 게임, 나는 필드의 한 가운데 서 있었다. 어느 쪽으로 공을 차고 달려야 할지 알 수 없었다. 아니 너무 잘 알고 있었다고 해야 조금 더 옳은 답이 될 것이다.

 두 눈을 질끈 감고 뛰는 수밖에. 본대로 들은 대로, 그리고 손에 잡힌 그대로 뛰고 달리는 수밖에.

보다 객관적인 증거로 분명하게 결론을 내야했다. 국민의 힘, 민주당, 언론 모두 '공정한 수사'를 요구했지만, 자신들의 '뜻대로' 수사가 진행되는지 부릅뜨고 지켜보던 상황이었다. 그래서 더욱 수사 과정에서 잡음이 없어야 했다. 해서 수사팀을 모았다.

"나는 원칙대로만 간다."

"절대 한쪽으로 추가 기울어선 안 된다."

"진실을 밝혀내는 게 목적일 뿐, 다른 건 없다."

"최소한 대선 전에 마무리를 짓자."

분명한 약속과 다짐이 필요했던 때다. 검사로서의 소명대로 사건만 봐야한다!

제7회 지방선거 직후인 2018년 10월부터 2020년 9월까지 허위 사실 유포로 인한 선거법 위반 등의 혐의를 받고 1·2·3심을 거쳐 파기환송심에 이르기까지 약 2년에 걸쳐 재판을 받은 이재명 대표가 변호사 수임 과정에서 변호사비 대납 의혹이 제기되었다.

이재명 대표가 공직선거법 위반 등의 혐의로 재판을 받는 동안 대규모 변호인단의 변호를 받았는데, 이 대표가 지출했다고 공식적으로 알려진 변호사비가 변호인단의 규모에 비해 너무 적은 금액이었고, 따라서 실제로는 변호비의 대부분을 다른 사람(혹은 회사)이 대납했을지도 모른다는 것이 의혹의 골자다. 한 시민단체는 2018년부터 공직선거법 재판 과정에서 이재명이 변호사들에게 지불했다는 수임료 내역이 허위이고, "쌍방울이 이재명 대표 변호사의 수임료 20억 원을 대납했다."며 검찰에 고발장을 제출하였다.

하지만 증거로 제출되었던 사업가 최 모씨의 녹취록은 허위였다. 이재명 사건 변호를 맡은 변호사의 수임료가 얼마였는지 알 수도 없고, 알지도 못했다고 밝혔다. 문제가 되었던 쌍방울의 20억 원 역시 바이오 회사를 인수할 목적으로 맡겨놓은 계약인수대금이었다.

이재명 대표에 대한 직접 대면 조사는 없었다. 이유는 애써 조사할 필요가 없어서였다. 혐의가 있어야 불러 조사할 수 있는데, 조사 과정에서 나오는 게 없었다.

대납의혹이 제기된 시기는 이재명 대표가 선거법 위반으로 2심에서 유죄를 받아 계류 중일 때였다. 2심까지 유죄가 난 사건을 3심에서 뒤집는다는 건 사실 쉽지않다. 과연 그 상황에 누가 20억이라는 큰 금액을 이재명 대표에게 배팅할 수 있을까? 20억은 결코 적은 돈이 아니다. 만들기도, 모르게 건내기도 어려운 돈이다. 돈의 흐름, 계좌를 추적하면 거기에 답이 있다. 역시 먼지조차 없었다.

그때 대한민국은 상식적이지 않았다.

당시 대선 후보였던 이재명 대표를 흔들기에 좋은 먹잇감이었고, 언론은 광분했다. 수많은 이야기가 떠돌았다. 소설가들이 모인 집단이라도 있는 건지, 애초에 소설가 출신들만 모여 있는 건지, 헷갈릴 지경이었다.

'쌍방울에서 돈이 들어왔다더라.'

'어느 회사의 전환사채로 20억이 들어갔다더라.'

'.... 7회차 전환사채 또는 뭐 8회 차..'

'... 8회 차인 것 같다, 아니 9회 차인 것 같다'

'어떤 전환사채는 모르겠는데 일부 돈이 이쪽으로 들어갔다더라.'

이처럼 마치 '화수분'처럼 제기되는 의혹들을 모두 들여다봐야 했다. 수사를 종결지으려고 할때마다 보수언론 등은 매우 교묘하고 철저하게 대응했다. 계속된 이슈로 대납 사건을 끌고 갈 작정을 한 것 같았다.

역시 먼지는 없었다.

이후 또 한 번 언론이 시끄러워졌다. 대선에 가까워졌을 무렵, 일부 경기도 자문 변호사 중 이재명 대표 변호인으로 활동했던 변호사가 있었던 모양이었다. 이재명 대표를 변호하고 그 대가로 경기도 자문 변호사로 채용했다는 보도. 확인을 하지 않을 수가 없지 않은가. 하지만 여전히 뭔가 나오는 게 없었다. 당시 경기도 자문 변호사는 수십 명이었다. 다시 확인 또 확인. 경기도에서 자료를 받아 모든 변호사의 채용과정을 수사했다. 그렇게 또 몇 개월이 훅 지나가버렸다.

 의혹은 시리즈를 양산해냈다.

 이것 말고도 뭔가 또 있을 것이다. 분명히 있다. 이슈의 남발은 대
선까지 이어졌다. 문제는 이후 혐의 없음으로 밝혀졌을 때, 의혹제
기를 했던 단체도, 언론도, 정당도 결과에 대한 책임을지지 않았다.
'그랬겠지' 라는 의혹에 이재명 대표만 누더기가 되었다. 이런 식이
라면 누구에게라도 살인 누명을 씌워도 되고 사기꾼 누명을 씌워도
문제가 없다는 것밖에 안 된다.

 이런 일에 대한 대책이 반드시 필요하다고 생각했다. 해서 수사팀
에게 강력히 주장했다.

 '네거티브 전략으로 언론플레이를 이용한 사건은 선거때까지 수사
를 진행하지 않아야 한다.'

 '그래야 다시는 근거 없는 문제 제기를 하지 못한다.'

 '가짜 뉴스 양산은 언론에 도움이 안 된다는 걸, 각인 시켜야 한다.'

 쉬지 않고 공격한데는 이유가 있을 터다. 결과물이 안 나올 경우
외려 역공을 당할 수 있을 테니, 아예 끝내지 못하도록 끊임없이 공
격했던 건 아닐까?

 수사를 하며 가장 힘들었던 건, 언론이었다. 언론이 수사와 연결이
되면 엄청난 시너지가 발생할 밖에, 세상에서 가장 졸렬하고 비열한

수사는, 언론 플레이를 이용한 수사다. 작정하고 패를 갈라놓기 좋은 수단이 바로 언론이다. 언론은 자신들이 마음껏 이용당해주기를 기다린다. 앙칼진 발톱으로 제 몸을 끌고 가도 그냥 내버려둔다. 그리고 이후 더 큰 걸 물고 나타난다. 그리고 제 멋대로 휘갈겨 댄다. 진실을 숨게 만들고, 사실을 왜곡시켜 그것이 진실인양 탈바꿈된다. 막강한 영향력을 이용해 거짓을 만들어내 국민을 기만한다면, 언론 본연의 자세를 잊은 것이다.

　더 이상 휩쓸릴 수 없었다.

　완벽할 수는 없더라도 더는 나올 게 없었다. 해서 수사팀에 그만 끝내자고 제안했다. 이 수사를 왜 끝내야만 하는지 설명을 이었다. 하지만, 마무리를 짓지 못한 채 대선이 끝났다. 결국, 지금의 정부가 들어섰고, 최종적으로 내가 아닌 후임자가 처리했다.

　"왜 빨리 못 끝낸 겁니까?"
　아직도 내게 물어온다. 인력부족, 수사력 한계 등 구조적인 문제가 있었겠지만, 커다란 음모를 품고 끊임없이 제기되는 의혹에 '한 점'의 의심도 남기지 않기 위해서는 공평하고 철저한 수사가 답이었다. 다시 수사를 한다해도 그보다 더 잘 할 수는 없었다.
　"결국, 대선이 끝나도 더는 나올 게 없다는 걸 모두 알고 있을 것이다. 아마도!"

삼바 사건을 아는가!

검찰이 위기를 맞았던 사건은 또 있었다. 우리나라 최고의 수사통이라고 하는 사람들의 수사가 이렇게 허술하다니!

삼성바이오로직스 분식회계 의혹사건. 대한민국이 들썩였다. 2020년 중앙지검 3차장으로 부임하고, 이른바 '삼바 사건'을 배당받았다. 오래전부터 진행되어 온 사건인데다, 사회적으로 큰 관심을 끌고 있던 사건이어서 부담이 없었던건 아니지만 그간 크고 쟁쟁한 사건을 담당해왔기 때문에 원칙대로 수사하면 되는 문제라 여겼다.

하지만 들여다보면 들여다볼수록 의문이 들었다.
"수사할 명분이 분명한가!"
논란보다 훨씬 가벼운 사건이었다. 영장까지 청구해야 하는 사건이었나 되물을 수밖에 없었다. 언론은 대형 비리사건이라며 연일 보도해대고, 국민들의 눈과 귀는 검찰을 향해 있었다.

 삼성바이오로직스의 분식회계 의혹은 2011년부터 4년 연속 적자를 내다 2015년 1조 9천억 원의 순이익을 내면서 불거졌다. 자회사 삼성바이오에피스를 관계기업으로 변경하면서 에피스의 장부금액을 2천 9백억 원대에서 4조 8천억 원대로 재평가했고 이러한 회계상 투자 이익을 장부에 반영했기 때문이다.
 이렇게 갑자기 기준을 변경한 배경은 구 삼성물산과 제일모직의 합병을 통한 이재용의 삼성그룹 승계를 위해서라는 주장이 제기되었다. 당시 제일모직은 삼성바이오로직스의 지분 46%를 가지고 있었는데, 이렇게 기준을 바꿈으로써 제일모직의 가치를 부풀려서 이재용에게 유리한 합병 비율을 얻을 수 있었기 때문이라는 것이다. 이에 참여연대 등이 문제를 제기하고 나섰다.

 수사는 내게 배당되기 전부터 이미 오래도록 진행되고 있었다.
 삼바 사건을 어떻게 해결할 것인가 깊은 고민에 빠졌다.
 '이럴 일이었나!'
 일단 내가 관여하기 아주 오래전부터 유지되어온 사건이었다. 기록지가 무려 20만 페이지에 육박했다. 모든 것들이 너무도 광대한 상황이었다. 내용이라도 쉬웠다면 괜찮았으련만, 다루는 사건의 내용도 만만치 않게 어려웠다. 모든 것들이 복잡하게 얽히고설킨 상황이었다. 두 달이라는 결코 짧지 않은 기간에 걸쳐 상황을 파악하는 데 총력을 기울였다. 사건을 파악하면 할수록 놀라움의 연속이었다. 생각과 달리 허점이 너무 많았다.

수사내용은 당시 언론에 보도된 사항과 많이 달랐다. 그러다 보니 이 사건이 과연 수사를 할 만큼의 큰 가치를 과연 갖고 있는 것인가 하는 의문이 들었다.

검사들이 가장 고민하는 부분이 바로 그 지점이기도 하다.

'수사할 명분이 분명한가.'

'명분이 부족한 사건을 왜 수사하려 하는가.'

'언론의 관심에 따라 수사방향을 바꾸는 건 아닌가.'

검사의 업무는 끝이 없다 해도 과언이 아니다. 그런데 수사할 명분이 부족할 경우엔, 상황을 어떻게 수습해야 할지 막막해진다. 수사할 명분을 찾지 못할 경우, 검사는 허탈해질 수밖에 없다. 더더군다나 사회적으로 큰 이슈가 되고 있는 사건일 경우 더더욱 그럴 수밖에 없다. 그렇다고 수사를 멈출 수가 없을 때. 멈춰서는 안 될 때, 그 허탈함은 더욱 커진다. 이 사건이 제법 그랬다. 사건이 그래서 길게 이어진 건 아닌가 싶었다.

깊은 고민에 빠졌다. 이토록 오랜 기간 이어온 사건에서 쉬이 발을 뺀다는 것도 말이 안 되는 일이지 않은가. 어쩌면 검찰은 진즉 위기를 맞이한 상태였을 런지도 모른다. 만약 수사가 온전하게 진행이 되지 않게 된다면, 자칫 검찰을 향한 거센 비난의 화살이 날아올 수 있었다. 그래서 멈추지는 못한 채 길게 이어졌던 건 아닐까.

여러 번을 판단해도 영장을 청구할 만큼의 사건이었는지 의문이 들었다. 차라리 바로 기소를 했다면, 삼바사건에 대해 비난이 오지 않겠지만, 이미 수사팀에서는 영장을 청구하는 쪽으로 되어 있었기에, 방향을 바꾸지 못하고 있었다.

삼성 측에서 수사심의위원회를 요청했다. 수사심의위원회에서는 더는 수사를 하지 말고 불기소하라고 했다. 영장은 기각되었고 수사를 중단하고 불기소 하라는 충격적인 결과가 도래했다. 수사팀에서는 당연히 분개했다. 언론은 당시 이재용 회장이 이 과정에 엄청난 득을 취한 양 보도했고, 국민들은 대기업의 횡포에 분노했다. 그러니 진퇴양란에 빠질 수밖에 없는 상황이었다.

검찰은 결국 5년을 구형했다. 그런데 과연 이 사건이 그만큼의 사건이었나 다시 되물었다. 왜냐하면 언론에 알려진 것과 사실관계가 다르다는 것이 알려질 경우 검찰은 곤란해질 수 있다. 사건의 혐의 유무가 불투명한 경우, 당연히 사건은 오래 걸릴 수밖에 없다.

'삼성'이라는 거대한 브랜드 때문에 수사가 무작정 이뤄진 건 아닌가 싶은 생각이 들었다.

검찰이 과연 성공한 수사였는가, 싶었다. 누구라도 자신의 과오에 대해서 책임져야 하는 것은 맞다. 하지만, '혹시라도 대기업을 수사했다'라는 자부심이 필요했던 건 아닐까? 왜 그리 삼성을 심하게 수사해온 것이었을까 하는 생각이 들었다. 그토록 혹독한 수사가 필요했던 것일까? 조사한 인원만도 수백여 명에 이르는 상황, 당연하게도 회사는 수많은 시간을 허비할 수밖에 없었다. '삼성'이니 '대기업'이니 그래도 된다는 검찰의 판단은 오류라고 나는 생각했다.

'사건이 성립되지 않는다.' 싶을 때는 곧장 멈춰야 하는데도 불구하고, 언론을 의식한, 혹은 국민을 의식해 밀고 나가는 경우가 많았다. 대기업이든 개인이든 검찰로 인해 손해가 이뤄졌으면 그에 해당하는 보상을 국가가 나서서라도 해줘야 옳다. 그런 일이 발생치 않게 하려면 검찰 스스로 옳은 판단을 해야 한다.

과연 수사를 이어갈 명분이 있는지 없는지에 대한 판단이 우선이어야 한다. 언론의 눈치를 보는 검찰이 되어선 안 된다. 어느 경우라도 중립을 지켜야 옳다. 그게 대기업이든 개인이든 관계해선 안 된다. 언론이 제 아무리 떠들어대더라도 아닌 건 아니어야 옳다. 반대로 언론이 아무 관심을 두지 않는 사안이라도 잘 못되었다고 판단했으면 두 팔을 걷어붙이고 나서야 옳다. 그게 진짜 검찰이다.

사건이 어떻게 결론이 날지 아직도 알 수 없지만. 만약 판결이 검찰에 불리하게 나올 경우, 검찰은 '법원' 판단이 잘못된 것이라며 법원에 책임을 전가할 가능성이 있다. 어떤 결론이 나오더라도 국민들은 이 사건에 대해 이재용이라는 사람에 대해 '낙인'을 찍어버린 상황이다. 언론에 의해 국민들의 마음이 좌우되는 경우가 많은 탓인데, 검찰이 동조해선 안 된다. 검찰은 어느 경우라도 중립적이어야 한다. 옳고 그름만 판단하면 된다.

언론이 수사도
정치도 만든다.

되돌아보면 두 사건 모두 수사를 하며 가장 힘들었던 건, 언론이었다.

언론이 무엇인가. 소위 글빨 하나로 무명의 누군가를 유명인으로 만들기도 하고 반대로 최고의 스타를 한방에 나락으로 보내기도 하지 않는가.

'어디 맛 좀 볼래? 내가 굴리는 펜대의 맛을 말이야.'

언론은 엄청난 영향력을 발휘하지 않는가. 진실을 숨게 만들고 사실을 왜곡시키기에 유용하다는 거다. 애초 언론은 시끄러운 게 정석이지만, 그도 사리분별이 분명할 때 구실이 되는 법이다. 무작정 시끄럽기만 하다면, 그저 수다에 불과할 뿐이다. 그때 나는 실체 없이 떠들어대는 수다를 수없이 경험했다. 귀가 따갑고 아팠다. 누군가 쇠꼬챙이를 귀에 꼽고 마구 휘저어댔으니까.

물론, 나쁜 것만 보려는 건 아니다. 언론은 사회에서 엄청난 역할을 담당하는 기관이 분명하니까. 당연히 반대의 경우가 있어 언론이 무턱대고 나쁘다고만 할 수는 없다. 또 그래서도 안 된다. 다만, 막강한 영향력을 이용해 거짓을 만들어 국민을 기만한다면, 언론 본연의 자세를 잊은 것이다.

어느 누구라도 그러하겠지만, 직접 경험하지 않은 일들은 대부분 언론을 통해 간접적으로 접한다. 당연히 국민들 역시 정치 현안 및 정치인에 대해 접하게 되는 루트가 대부분 언론이다. TV, 신문, 인터넷 등 많은 언론이 국민들을 흡수한다. 국민은 이처럼 대부분의 언론 기사를 통해 사건을 파악한다. 그렇다보니, 어떤 사안이 진실인가 아닌가 하는 것보다 얼마나 많이 보도가 되었는가에 무게 중심을 두기 마련이다. 한 번 스친 사건은 기억하지 못하지만 열 번, 스무 번 다루다 보면 판단이 흐려지다 못해 굳어지게 되는 것이다.

'아, 기자가 그렇게 말했어.'

'기사로 나왔다니까.'

오래전에는 신문에 실린 내용이면 '확실한 사실이다.'고 인지하는 경우가 많았다. 인쇄되어 나온 신문에는 거짓말이 불가능하다고 믿었다. 언론이 가진 막강한 공신력 때문이다.

지금은 매체도 다양해졌고, 언론의 위상은 더 높아져 있다. 대놓고 말도 안 되는 이야기조차도, 처음엔 그런가 보다 싶다가도 다시 한 번 이야기 하면 '진짜인가? 에이, 말도 안 돼.' 하다가도 또 한 번 이야기 하면 '아, 그렇구나!' 하고 생각하는 게 사람의 심리다.

언론의 가스라이팅

'언론 가스라이팅'

몇 년 전인가, 당시 한참 스타 반열에 올라섰던 한 여배우가 남자 배우를 가스라이팅 했다는 추문에 휘말리며 이미지에 큰 타격을 받았던 적이 있었다. 이후로 가스라이팅 이라는 말이 자주 쓰인다. 이 말을 언론에 대고 내가 쓰게 되리라고는 생각지 못했다.

흔히 피라미드회사에서 하는 수법. 나쁘게 보면 언론도 이 기묘한 방법을 활용한다. 나쁘게 보면 이용, 좋게 봐주니 활용이라고 하는 거다. 반복적 습관으로 믿게 만드는 수법을 언론에서 활용 혹은 이용하는 것인데, 백 프로 정확한 사안조차 점검에 점검을 거친 후에 공표해야 옳다. 언론은 사실이 생명이다. 목숨 걸고 하는 일인데, 누구도 목숨을 걸지 않은 채 쉽게 입을 열고 펜을 굴리니 문제다.

늘 하는 말이 있다.

'기자는 누구나 할 수 있지만, 아무나 되어서는 안 된다.'

'아무렇게나 말해선 안 되며 아무 책임도 안 지려해선 안 된다.'

기자라는 브랜드가 이름 앞에 붙는 순간 정확도를 요하는 사람이 되는 것이다.

언론사에 근무하는 사람들은 몸무게보다 입이 더 무거워야 하고 가방보다 펜이 더 무거워야 한다. 함부로 이야기를 꺼내서도 안 되며 함부로 펜을 굴려서는 더더욱 안 된다.

내가 뱉은 한 마디가 수백, 수천만 명을 오해하게 만들 수 있기 때문이다. 내가 쓴 한 글자로 인해 누군가는 목숨을 끊을 수도 있다는 걸, 절대 잊어서는 안 된다.

해서 언론인은 누구나 할 수 있지만, 누구나 되어서는 안 되는 것이다. 국민들은 언론에서 하는 말을 대부분 기정사실화 한다. 이 사실을 잊어서는 안 된다.

언론에서 수사팀을 비난하면, 국민들도 덩달아 수사팀을 공격한다. 그래도 문제가 없다고 생각한다. 왜, 언론에서 이미 그랬으니까. 그건 절대 확률일 테니까!

"대체 왜 수사를 하지 않는 건가요?"

"우리의 혈세로 일하는 거 아닌가요?"

어떤 사안이 각인된 국민들에겐 아무리 설명을 해도 소용이 없다. 이미 신념을 가진 이상 사람들은 좀체 버리려하지 않는다. 마치 다단계에 빠져드는 심리와 유사하다. 이때 언론이 우리를 변론하는 기사를 띄워주면 좋으련만, 외려 반대로 일부러 수사를 끌고 있다는 식의 보도가 내보냈다.

'언론이 모를 리가 없다.'

'이게 상식적이지 않다는 사실을'

'변호사 대납 20억은 불가능 하다는 걸.'

변호사 대납 20억 원이 가능하냐?

이재명 대표의 변호사비 대납 의혹사건은 원래 20억을 받았느냐 안 받았느냐가 핵심이었다. 그런데 갑자기 전부는 아니더라도 "변호사비의 일부를 대납했을 수도 있다."는 의혹으로 변질되었다. 이런 방식으로 그때 언론 논조도 넘어갔고 정치권에서도 그렇게 공격을 해왔다.

이재명 변호사비 대납
의혹사건 후기

계속되는 의혹제기에도 조사 결과는 한결 같았다. 나오는 게 없었다. 그래도 계속 진행을 했다. 한데, 보수언론 등에서 매우 교묘하고 철저하게 대응을 했다. 이쪽에서 끝을 내려고 하면 다시 이슈를 제기하는 식이었다. 계속해서 대납 사건을 끌고 갈 작정을 한 것 같았다.

대납 사건이 쌍방울 관련 전환사채인 것 같다 해서, 죄다 계좌 추적까지 했다. 하지만, 없다고 확인이 되었다. 확인이 되었으니 결론을 내려고 하면, 갑자기 언론이 터트리는 거다.

'처음 생각한 것과 회 차 가 다른 것 같다'

그런 식이었다. 해서 언론에 터트린 회 차를 찾아보면 역시 아무것도 존재하지 않았다. 해서 다시 끝내려고 하면 아무래도 다른 전환사태인 것 같다고 말하는 거다. 그렇게 되면 다시 다른 전환사채를 모두 뒤져야 한다.

결국, 쌍방울을 모두 뒤질 수밖에 없었다. 머리카락 하나만큼이라도 건져 내려고 문제 제기를 쉬지 않았다.

털어도 안 나왔지만, 그러함에도 빈 틈 없이 조사할 수밖에 없던 건, 만약 어떤 문제를 제기했을 때, 조사를 실행치 않게 된다면 이재명 후배이기에 그런다고 할 게 빤해서였다. 그래서 결국, 무마하고 덮어버렸다는 공격이 들어올 게 역시 빤했다. 그렇게 시간이 흘러갔다.

두 달 정도 남았던 때, 이제 끝을 내야한다 생각했다. 해서 대검과 조율 중이었다. 낮에 한 말은 새가 듣고 밤에 한 말은 쥐가 듣는다고 했던가. 소문이 어디로 새어나간 건지, 아니면 애초 작정이 되어 있던 터라, 무작정 달려든 건지 알 수 없지만, 곧장 다른 문제 제기가 들어왔다. 그 재주 역시 놀라울 따름이지만,

"변호사 대납 사건은 경기도지사를 했을 때 자문 변호사 이 사람들이 자문 변호사비를 받고 대신 이재명 대표의 변호 활동을 한 대납인 것이다."

이렇게 문제 제기를 한 것이다. 하니, 다시 그들을 불러 조사를 해야만 했다. 그때 시간이 꽤나 걸렸다. 이유는 당시 변호인들이 부정적이었고, 경기도 담당자들도 매우 비협조적이었던 탓이다. 방법은 하나 뿐, 일일이 조사를 다시 감행하는 것, 시간은 더 걸릴 수밖에 없었고 사건은 끝나지 않은 것으로 보여 질 수밖에, 마치 사건이 종

결되면 안 되기라도 하는 것처럼 일은 계속 꼬였다. 하지만, 인내하며 꼼꼼하게 다시 모두를 조사했다. 어렵사리 조사를 마치고 났을 때, 역시 나온 건 없었다.

　확인할 수 있는 모든 걸 죄다 확인했다. 날아가는 먼지까지도 조사 한다고 생각하고 나섰지만, 손에 잡히는 건 없었다. 없는 걸 내 놓으라니, 아니라는 걸, 그런 게 없다는 걸, 증명하라니, 얼마나 어려운 숙제인가 말이다.

　눈에 보이는 자료가 있는 경우라면 입증이 쉬울 테지만. 이게 절대 '아니라는 걸' '애초에 존재치 않았다는 걸' 어떻게 증명하라는 것인가. 저지르지 않은 죄를 증명하라고 하면 자신 있게 증명해 보일 사람이 과연 누가 있는가 말이다.

　"결국, 아닌 것으로 결정 났습니다."

　"없으니 저는 없다고 말하겠습니다."

　"처음부터 없었으니, 나올 것도 없었을 테지요."

눈으로 본 그대로,
눈으로 확인한 그대로

나는 본 그대로 말했다. 그리고 무엇보다 확인된 대로만 말했다.

애초 무엇을 더할 생각이 없었다. 물론 단 하나도 뺄 생각 역시 없었다. 손에 잡히는 게 있었다면 절대 감추지 않고 건넸을 테고 들은 소리가 있었다면 여과 없이 들은 대로 전했을 테다. 하지만, 들은 게 없으니 전할 게 없었고 잡힌 게 없으니 건네 줄 것 역시 없었다. 없으니 없다고 말했고 안 보이니 안 보인다고 말했다.

드라마 대장금에 보면, 어린 장금이 이런 말을 한다. 어찌 홍시 맛이 난다고 하냐는 상궁의 말에, 홍시 맛이 나서 홍시 맛이 난다 한 것인데, 어찌 홍시 맛이 나느냐고 하면 나는 어찌 답하느냐고 말이다. 나도 그랬다. 홍시 맛이 나니 홍시 맛이 난다고 한 것뿐인데, 아무 것도 없어 안 보인다고 하는 사람에게, 어찌 아무 것도 안 보이느냐고 물으면, 뭐라고 답하라는 것일까?

나는 검사다. 없는 걸 있다고 말해도 안 되고 있는 걸 없다고 해서도 안 되는 사람이지 않는가. 안 보이니 안 보인다 말한 것이고 잡히지 않으니 잡히지 않는다고 말했다.

사실 여론이 떠들썩하다고 한들, 정당에서 고소가 들어온다고 무작정 수사가 이토록 집중적으로 이뤄지는 건 사실 아니다.

사실 내가 없다고 확신을 한들, 존재하는 것이 사라질 수 없고, 있다고 한들 존재치 않는 게 마술처럼 생겨날 수도 없는 일이지 않은가.

범죄는 마술이나 요술이 아니다. 묘기처럼 재주를 부리지도 않는다. 다른 사람 눈에는 잘 안 보이는 것도 검사의 눈에는 잘 보이기 마련이다. 그러라고 검사가 존재하는 거다. 그러라고 검사를 하는 거다.

결론은, 다시 말해야하겠다.

'아무 것도 나온 것이 없다.'

'애초 나올 게 없었다.'

나는 검사, 법리적으로만 따졌다! 지금 모두는 이재명 대표에게 죄가 있다고 확정하고 있다. 허나 허점이 크고 많다.

죄는, 죄가 눈으로 보였을 때, 확신할 근거가 있을 때라야 성립한다. 함에도 죄의 성립을 위해 반드시 죄가 있는 사람으로 몰고 가는 이유는 정치적으로 끝을 내려는 몸부림일 뿐이다.

알고 있다. 어떻게 해서라도 이재명 대납 사건을 쉼 없이, 끊기지 않고 끌고 가고 싶은 것이다. 그럴수록 언론은 열광할 것이고 목표를 이룰 수 있다고 판단한 것이다.

하지만, 나는 내 형제라 할지라도 범죄에 연류 되어 있다면 소위 봐줄 생각이 없다. 그럴 생각도 없고 그래서도 안 된다. 그게 검사가 할 일이다. 그게 이재명 대표라고 예외일 수는 없다. 범죄가 있다면 이재명 대표의 손목에 수갑을 채우는 게 맞고 아니면 죄로 몰고 간 사람들이 벌을 받는 게 타당할 터다.

"그 역시 누구이든……."

진실보다 일단 털자

　어떤 결론이 나와도 양쪽 진영에서 공격받을 수밖에 없는 처지. 두 눈을 질끈 감고 뛰는 수밖에. 본대로 들은 대로, 그리고 손에 잡힌 그대로 뛰고 달리는 수밖에.

　'어디로 달려가든 수많은 비난의 화살이 심장을 향해 날아올 테지,'

　'심장을 관통하고 피를 철철 흘리며 쓰러질 테지,'

　'그래도 멈출 수는 없을 테지.'

　만약 대선에서 이재명 대표가 당선 되었을 경우, 화살은 여지없이 날아오게 되어 있다.

　'혐의가 없다는 걸 분명히 알면서 왜 대선 이전에 끝내지 않았나.'

　무작정 화살이 날아올 게 빤하고 반대로 검찰 출신인 윤석열 총장이 대통령이 된다면?

　'그를 혐의가 있는데도 일부러 수사를 지연했네.'

잘 해도 본전이면, 그나마 괜찮으련만, 어떻게 해도 내겐 손해뿐인 억울한 셈법, 그래도 계산기를 두드려야만 했다. 어느 숫자가 나왔는지 분명하게 알려야할 의무가 내게 주어졌으니 말이다. 순수익이라고는 전혀 없는 계산, 화살은 앞뒤로 심장부위를 향해 빠르게 날아왔다. 로켓보다 더 빠르게!

　불편한 진실은 또 있다. 윤석열 이라는 이름에 대통령이 새겨지면, 과연 우리한테 고마워할까, 하는 질문이었다. 나는 분명 고마워하지 않을거라고 판단했다. 외려 혐의가 있음에도 혹시 이재명 대표가 승리할 걸 감안해 일부러 혐의 없음으로 몰고간 게 아니냐며 우리를 의심할 것 같았다. 수사팀 모두는 어떤 결론을 내더라도 엄청난 곤혹을 치를 수밖에 없었다.
　나는 주장했다.
　"내가 책임지겠다."
　"우리는 대선의 결과와 상관없이, 일단 그냥 가자"

정치판의 네거티브 메커니즘

사람은 스스로 월등하지 않을 때, 월등하지 못할 때 네거티브를 이용한다.

내가 잘난 사람, 뛰어난 사람임을 증명하지 못할 때, 증명할 거리가 없을 때, 가장 편리한 것이 바로 네거티브 메커니즘이다.

'상대를 누르고 내가 올라서는 방법'

'상대를 발밑으로 눌러 마치 올라 간 것처럼 보이는 눈속임'

'일단 물어뜯고 보자, 목소리 큰 사람이 이긴다는 막무가내 싸움질'

이게 바로 네거티브의 유치한 공식이다. 우리는 이 모습을 선거판에서 자주 목격하곤 한다. 정치판 놀음이 게서 게인 이유다. 자신의 공약이 누구보다 약하거나 허무맹랑해 지지를 얻지 못하면 가장 쉬운 방법으로 소위 상대 깎아 내리기를 시작한다.

수사에서도 마찬가지다.

정치 관련이 포함이면, 네거티브는 활개를 친다. 가장 손쉽고 빠른 전략, 그게 바로 네거티브다. 상대를 어떻게 해서라도 내 발 아래로 들어가게 하는 거다. 그러면 나는 그대로 인데도 불구하고, 어찌 되었든 상대보다는 위에 서 있는 것처럼 보이는 것이다. 유치하고 치졸한 방법인데도, 사람들은 그 기묘한 술책을 이용하고서도, 자신이 진짜 이겼다고 생각, 내지는 착각한다.

결과가 절대 나오기 어려운 것에도 이 기법은 적절히 활용된다. 수사는 활기를 띄기 어려운데 공격하는 사람은 짜릿한, 악한 카타르시스, 네거티브는 이를 온전하게 만든다.

이전에는 미국에서 이 기법을 많이 사용했지만, 최근엔 많이 줄어들었다. 왜? 사람들이 상대를 공격만 해대는 꼴을 더는 좋아하지 않아서다. 그런데 희한하지, 우리나라는 여전하려니와 외려 이전보다 더 전성기를 누리는 듯 보이니 말이다.

수사든 정치든,
네거티브도 발전한다.

아무래도 이전에는 없던 미디어의 발달이 이 네거티브의 활용이 된 듯하다. 멍석을 펼 곳이 수없이 많아진 이유다. 그러니 춤판이 곳곳에서 매일 벌어질 밖에.

이전에는 TV가 최고의 미디어였고 신문이나 시사지가 그 뒤를 이었지만, 지금은 유튜브로 일약 스타덤에 오르는 시대이지 않은가. 허위사실을 알리는데 절묘하게 쓰일 수 있는 도구가 된 것이다.

신종 미디어를 통해 네거티브를 일삼는 것이다. 네거티브의 메커니즘이 바뀌고 있는 거다. 이런 일이 지속될 수밖에 없는 이유가 있다. 다름 아닌 법제도, 법으로 명확히 구분된 것이 없다보니 너도나도 자연스럽게 상대를 공격한다.

허위 사실은 명확히 법으로 제도를 마련하고 처벌해야 한다. 만약, 처벌이 어렵다면 최소한 손해배상은 청구할 수 있도록 만들어야 옳다. 그래야 확인이 되지 않은 사안을 함부로 글로 쓰지 못할 테니까.

듣지 않는 곳에서는 나라님도 흉본다 하지 않던가. 소위 뒷담화는 누구라도 할 수 있지만, 펜대를 굴려 언론에 노출이 되는 순간부터 이미 뒷담화가 아닌 사실이 된다는 걸 잊어서는 안 된다. 가짜도 얼마든지 진짜로 둔갑된다는 거다. 글은 지워지지 않기 때문이다. 급히 기사를 내려도 이미 소용없는 일이 돼버리기 때문이다.

물론, 고의가 없었다, 다수를 위한 일이었다는 그럴듯한 명분 혹은 변명이 따라 붙을 수 있다. 하지만, 역시 반론을 제기해야 한다. 왜 그걸 사실로 믿게 한 건지, 입증 하도록 만들어야 한다는 거다. 만약, 입증이 충분치 않다면 형사적 처벌을 내려야 한다. 그게 아니라도 최소한 민사 책임을 지게 해야 한다. 그래야만 지금처럼 소위 말하는 '카드라' 식의 이야기가 언론을 통해 사실처럼 번지는 일은 발생치 않을 것이다.

만약, 이러한 장치가 법적으로 마련되지 않는다면, 네거티브 전략은 총선을 비롯해 대선과 지선 등 국가의 모든 선거에서 쓰이게 될 것이다. 공약보다 앞선 내거티브, 후보가 뭘 하겠다는 것보다 후보의 상대가 얼마나 나쁜 사람인지를 먼저 인식 시키는 악의 매커니즘, 애석하게도 얼마나 내거티브를 잘하는 가에 따라 당락이 결정될 가능성이 여전히 높다. 그래서 안타까울 따름이다.

죄를 만드는 정치판, 수사는 따를 뿐

한 발 물러난 시점으로 다시 얘기해야 하겠다. 현재 이재명 대표의 이어지는 수사를 보면 늘 한숨만 이어진다.

이재명 수사에 관해서는 언급할 게 한두 가지가 아니다. 그 중 가장 문제라고 생각했던 것이 무엇이냐 하면 사건을 계속 끌고 간다는 거였다. 수사를 신속하게 끝내도록 해줘야 하는데 끝없이 잇고 다시 이어가기를 반복했다는 것이다.

이것은 없는 죄를 쉼 없이 만들어냈다는 증거이기도 하다. 반드시, 어떻게 해서라도, 무슨 수를 써서라도, 처벌하겠다는 의지의 표시일 뿐이다. 사람이 아프면 병원에 가고, 큰 병이란 진단을 받으면 수술을 감행한다. 아픈 부위를 도려내야하기 때문이다. 이때, 어느 의사도 아픈 부위나 다친 부위를 도려내지 다른 부위를 건드리지는 않는다. 그럴 이유가 전혀 없기 때문이다.

한데 이재명 대표의 수사는 애초 그럴 마음이 없었다. 죄가 있다면 죄에 관한 것만 들춰내면 되었다. 하지만 그렇지 않았다. 환자에게 아픈 부위가 있다면 그 부분만 도려내면 되는데, 모든 몸을 난도질한 것과 같은 것이다.

팔이 다친 사람을 눕혀 놓고 생배를 갈라 췌장을 살펴보고 심장도 건드린 것이다. 그래 놓고는 찾는 게 없으니 다른 부위도 도려내야 한다고, 그래야 옳다고 주장한 꼴이다.

수없이 제기된 사안이지만, 애초 결과를 내려놓고 맞춰 가다보니 억지가 생기고 엉성함이 생긴 것이다. 그렇다 보니 수없이 인권침해 문제가 발생했다.

'불의에 대한 저항'

검사의 큰 덕목이다. 나 역시 공정을 필두로 조사를 벌였지만, 아무 것도 찾아낸 것이 없었다. 이런 경우 검사는 실체를 인정해야 한다. 없는 죄를 만들어 서라도 죄를 씌우는 게 검사의 역할이 절대 아니다. 물론, 실 범죄자를 처벌하기 위한 검사들의 수사는 반드시 필요하다. 하지만, 모든 것에는 한계라는 것이 있다. 법이 그렇고 검사의 역할도 그렇다.

"잘 못 된 것 같습니다."

"실수가 컸습니다. 잘 못했습니다."

과감한 중단은 절대 부끄러운 것이 아니다. 시작 했으니 끝을 봐야 한다는 건, 없는 죄라도 형성하라는 의미가 아니다. 없는 것은 없는 것으로 밝히고 존재하는 것은 존재하는 걸 보여주면 되는 것이다. 그게 진정한 용기다.

검사나 형사 모두 오류를 얼마든지 범할 수 있다. 그럴 경우 빨리 사건을 접고 사과를 한 다음 마무리를 지어야 한다. 후퇴가 반드시 상대에게 지는 건 아니다. 사과 역시 마찬가지다. 자칫 더 많은 피해자가 생길 수 있는 걸 미리 차단시킬 수 있다.

많은 검사들이 외압과 불의에 굴하지 않고 소신을 펼치려 애쓴다. 선배 검사로써 그 노고를 충분히 치하할 수 있다. 그래야 마땅하다. 허나, 실책이 있을 땐, 곧장 사과하는 것도 검사의 큰 미덕이다. 그건 절대 부끄러운 행동이 아니다.

이재명 수사에서 더 진전할 게 없다면, 멈추는 것은 물론이거니와 이제는 뒤로 물러나야 한다. 그게 맞고 그게 옳다. 만약 지금도 아무것도 나오지 않는다면, 그때도 틀렸고 지금도 틀린 것이다. 용기 있는 검찰이 많아야 국민들에게 신뢰를 받을 것이다. 국민과 함께 하는 검찰이 되려면 고개를 숙이는 겸손이 필요하다. 고개를 숙이는 사람에게 손가락질을 하는 사람은 많지 않다. 설령 잘못한 사람이라도 죄를 깊이 반성하며 겸손한 자세를 보이면 용서까지는 하지 못하더라도 용납정도는 해주는 것이 보통 사람들의 아량이다.

정치가 저질러 놓은
형식적 법치주의

사실, 인간 세상의 기본은 '법'이 아니다. 되어서도 안 된다.

법은 사람의 맨 끝에 있는 존재다. 절대 기준이 될 수 없다. 사적으로 해결을 한 다음에도 서로 뭔가 풀어야할 것들이 남았을 때, 의견이 일치를 이루지 못할 때, 꺼내드는 것이 바로 '법'이다.

법은 상식선에서 해석이 되어야 한다. 한데 지금 배임죄나 직권남용죄 등 적용된 사례들을 보자면 부정이라는 게 과연 범위가 얼마큼이어야 하는 건지, 얼마큼의 죄라는 건지 애매하기만 하다.

오래전에는 엄격했지만 최근엔 무척 넓게 해석하는 경향이 있다. 기소를 받아놓고 무죄를 받아오라고 한다. 그러면 무죄를 받기까지 걸린 시간과 비용 그리고 정신적 고통은 누가 보상해주는가. 현재 국가 권력이 누군가에게 같은 피해를 주고 있지만, 그 어느 것도 책임을 질 생각은 없어 보인다. 외려 너무 당당해서 혼란스럽다.

법으로만 모든 걸 통치했던 진시황을 우리는 기억한다. 법치 만능주의, 진시황의 표본이었다. 그는 엄격하게 법을 적용했다. 무엇이든 잘못하면 크든 작든 법의 잣대로 들이댔다. 일단 그랬다. 그게 자신이 정한 원칙이었다. 처음엔 체계를 갖춰 실행했지만, 이후 통상적이고 평범한, 극히 일반적인 부분까지 들어가다 보니 국민들이 반발을 사게 되었던 거다. 그로 곧장 처단이 되지 않았는가. 결국 30년 만에 망했다. 또 유명한 법치 만능주의를 우리는 기억한다. 프랑스 혁명의 단두대 정치, 말 그대로 공포정치의 표본, 하지만 그 역시 죽음을 당하고 말았다.

　법치주의라는 것은 전면에 나서는 게 아니라 뒤로 한 걸음 물러났을 때 기능이 발휘된다. 법치주의가 전면으로 나서는 순간 망할 수밖에 없다.
　한데 어쩌면 좋을까. 현재 우리나라가 그 상황에 처해있으니.
　민주주의를 표방한 채로 독재가 이뤄지고 있고 결국, 법을 이용해 아니 '법'만을 이용하고 있지 않은가. 거기에 중한 벌을 주려고 확대 해석을 기본으로 장착한 채. 무한정으로 확대를 끝없이 해버리니 어느 순간부터 '아, 큰 죄인가 보다' 할 수밖에 없는 구조를 만들고 있다.
　학교에서도 조금만 소리를 내면 일단, 아동학대 프레임을 씌운다. '법'이 그렇다는 이유다. 교육의 방법에서는 규율을 가르쳐야 하고 훈련과 연습이 반복되는 게 상식이다. 그래야 다수가 모인 가운데 공부를 가능하게 할 수 있지 않은가. 한데 조금만 야단을 쳐도 일단 '아동학대'에 해당한다고 단정한다. 그게 싫으면 방임으로 갈 수밖에 없는데, 그러다 보면 얘기치 않은 사고로 또 이어지게 되니 이러지도 저러지도 못하는 상황을 만나게 되는 것이다.

법치 만능주의가 우리 사회에 너무 만연해있다. 특히 문제는 정권이 바뀔 때마다 자기 입맛에 맞게끔 제 멋대로 해석하는 것이다. 그렇다 보니 이전에는 법의 규정에 속하지 않았다고 여겼던 일이 굉장히 중범죄가 되기도 하고 그 반대가 되기도 한다.

일관성이 없다. 이유는 자기에게 필요한 사람에게는 법을 관대하게 적용하고 아닌 사람에게는 무차별적으로 공격하기 때문이다.

해서 법조인들 입에서 '저건 무죄다!' 했을 경우, 자연스럽게 무죄가 나왔지만 지금은 예측불가한 일이 되어 버렸다.

특히 정치적으로 민감한 경우는 더욱 그렇게 되고 있다. 소위 언론이 먼저 때려 놓는 방식을 택하다 보니, 어느 순간 '당신은 이미 죄인' 인 상태로 국민 앞에 서게 되는 것이다. 판사들도 스트레스가 이만저만이 아닐 테지.

경제적 공동체

'경제적 공동체'

요즘 이 말을 들어보지 않은 사람은 아마 없을 것이다. 워낙 뉴스에 자주 등장하는 말이다 보니, 패러디도 양산할 지경이다. OOO공동체, 식으로 말이다.

"검사님, 경제적 공동체라는 말이 원래 있는 말입니까?"

누군가 내게 물은 기억이 있다.

"아니요. 그런 말은 없습니다. 태어나 들어본 적도 없습니다."

"법을 공부하면서도 들어본 적이 없는 말입니다."

내가 한 답변처럼 법률 용어에는 '경제적 공동체'라는 말은 없다. 존재하지 않으니 사용했던 사람이 없을 밖에.

'경제적 공동체'라니?!

언젠가부터 이 말이 너무도 자연스럽게 들려오기 시작했다.

부부간에도 재산에 있어서 부부 별산죄다. 만약, 부부 중 부인이 돈을 받았으면 내가 받은 것과 똑같이 취급한다, 라는 건 없다. 불가능한 논리다. 부부도 쓰이지 않는 용어다. 그런데 어느 날 갑자기 '경제적 공동체'라는 말이 번개처럼 등장했다.

'과연 그렇다면 법률적 용어에도 없는 저 말이 유죄로 성립할까?'

이재명 대표에 대한 사안은 애초부터 정치적으로 풀어냈어야 할 문제였다. 한데 이 문제를 놓고 고민도 없이 무작정 수사기관으로 끌어들인 게, 처음부터 문제였다. 문제가 아닌 걸 문제 삼은 게 실은 더 큰 문제였고.

이를 토대로 검찰을 끌어들여 정쟁의 수단으로 이용했다는 것이, 지금 생각해보면 나를 분노케 하는 지점이다. 이런 분노가 일지 않게 하려면, 구조적인 문제 개선이 필요한데, 앞서 누누이 이야기한 시스템을 만드는 것이 꼭 필요하다고 생각하는 것이다. 그래야 국민들이 분노하는 일이 발생하지 않을 거라고 확신한다. 그래야 검찰이 더는 정치 놀음에서 이용당하지 않을 거라고 확신한다.

또 기간을 분명하게 정하는 제도가 반드시 있어야 한다. 이는 대선 총선 지선을 모두 포함한 생각이다. 일테면 선거 몇 개월 전 후에는 가급적 정치적인 사건에 대해서는 수사를 잠정 중단하는 식이다. 만약 그를 어길 시 수사를 감행한 기관에 대해 손해배상을 청구할 수 있도록 해야 한다. 그래야만 공정한 수사가 이뤄질 수 있고 국민들 역시 공정한 투표를 함으로써 보다 훌륭한 인재의 정치인을 뽑을 수가 있다고 생각한다.

더는 정쟁을 부추겨 누군가를 속박하고 죄를 물어 시간을 빼앗는 일은 멈춰야 옳다. 그로 분노하는 국민들의 마음을 읽어야 할 것이다.

검찰의 수사가 길어진다는 건, 기본적으로 수사가 어렵다는 이야기다. 물론 핑계를 삼자면 사건의 범위가 워낙 광대하기 때문이라는 그럴 듯한 명분을 붙일 수 있을지 모르지만, 경험상 대체 적으로 그런 경우는 나올 게 없기에, 수사가 어려워진 경우라고 봐야 한다.

전에는 상당부분 이상의 혐의가 인정되고 죄가 확실하다고 판단이 되면 기소를 했다. 그 나머지를 불기소 했는데, 지금은 유죄의 가능성이 미흡하더라도 조금만 가능성이 있으면 무조건 기소를 하고 있다. 그렇다보니 수사기간이 길어지고 공소유지 기간 역시 무한대가 되어 버린 것이다. 그렇다 보니 곳곳에서 분노에 찬 목소리가 터져 나오는 것이다.

무리한 수사는 결국 검찰의 비겁함을 드러내기 마련이다.

비겁하면 진 게임이다

　이재명 수사에서도 검찰의 비겁함이 곳곳 생겨났다.

　한데, 무죄 가능성이 높지만, 유죄 가능성이 조금만 있어도 기소를 하면서 원류와 벗어난 경미한 범죄를 붙여서 기소하는 방식이다. 예컨대 변호사비 대납 사건이 있으면 변호사비 대납 사건을 기소하면서 만약 불안하면, 개인정보법 위반이나. 조금 뭐 횡령부분을 붙여서라도 기소를 하는 식, 이는 검찰이 조금 아니 많이 비겁한 행동이 아닐 수 없다. 어떤 수사기관이 수사 과정에서 자신감이 없을 때 억지춘향 식으로 진행할 때 소위 써먹는 수법인 것이다.

　현재 수사는 언론에 의해서 움직이는 형국이다. 먼저 언론이 터트리면 그대로 수사를 하고 발견이 안 되면 만들어 서라도 언론이 맞는다고 주장하는 거나 다름없다. 실은 언론에 흘린 주체는 분명 따로 있을 테지만.

　검사는 보이는 대로 손에 잡히는 대로만 말해야 한다. 그 범위를 벗어났다면 이미 검사로써의 자격상실이다. 무혐의가 나왔다면, 무혐의가 나온 걸 인정하고 국민들 앞에 설명하면 된다. 그로 모든 사건을 중지 시킨다고 말해야 한다. 그래야 진정한 검사다. 표면적으로 보자면 어떻게 해서든 기소를 하면, 언뜻 생각하기에 검사가 이긴 듯 보인다. 그렇다보니 기소를 하게 되면 이겼다 생각하고 반성을 절대 하지 않는다. 그렇게 되면 당장의 즐거움은 있을지 모르지만, 발전이 있을 수 없다.

시스템의 변화가 필요하다

　문제를 제기한 고발인 측에서 혐의를 입증할만한 자료를 제출하지 않으면 각하할 수 있는 시스템을 만드는 것도 하나의 방법이다. 일단, 문제를 제기하고 근거는 하나도 들이밀지 못하면서 답을 하라고 소리치는 격이다.

　만약, 입증을 안 하거나 못하는 수사기관은, 더 이상 수사를 안 하는 방식으로 가는 것도 하나의 방법이다. 그래야 행정과 세금을 낭비하지 않을 수 있다.

　언론보도를 통해 알려진 이재명 대표의 대장동 사건, 백현동 사건 등은 수천수백만 원의 배임죄를 저질렀다는 것이 주요 내용으로 보인다. 추가로 배임죄는 타인의 사무를 처리하는 자가 임무에 위배하여 재산상 이익을 취득하거나 제3자로 하여금 이익을 취득하게 하여 본인에게 손해를 가했을 때 성립하는 범죄다. 배임죄의 가장 기본적인 것은 대부분 헐값 매각이다.

예컨대 백만 원짜리 물건을 만원에 팔았다. 한데 이건 자신의 것이 아니다. 내가 대표이사인 회사의 물건인데, 이게 백만 원짜리를 만원에 팔았다. 그러니 임무에 위반한 거다. 그로인해 회사에 큰 손해를 끼쳤다. 결국 상대에게 이익을 줬고 회사엔 손해를 끼쳤다. 그렇게 구성되는 것이 바로 배임이다.

현재 이재명 대표는 몇 천억에 대해 손해를 끼쳤다 하는 내용만 있다. 어떻게 해서 손해를 끼쳤다는 건지, 범죄가 무엇인지 잘 모르겠다. 한데 대장동 사건은 기본적으로 장래, 미래적 수익이다. 즉 수익의 예상치를 알 수 없는, 얼마나 수익 발생이 가능한지 확정되지 않은 상태로 계약이 체결되었다. 그 자체가 잘못되었다는 거다. 예서 주목할 것은, 얼마만큼의 손해를 끼쳤고 이득을 취했는지에 대한 특정이 있어야만 한다. 그래야만 배임죄가 온전히 성립한다. 해서, 이 사건은 이후 많은 논란이 예상된다. 현재도 논란중이지만. 그로 무죄의 가능성도 무척 높은 게 사실이다.

둘째 장.

가족

기억, 소년이 달린다

구부정한 길엔 돌이 많다. 한 걸음하면 돌부리에 발이 걸리고 또 한 걸음하면 흙먼지가 날리는 도로, 학교 가는 길이다. 넓기라도 하면 좀 좋아? 구부정하기는 이를 데 없고 경사도 만만찮다. '길이라니 달릴밖에.'

소년들이 줄지어 페달을 밟는다.

가로등? 그건 텔레비전에서나 봤지, 본 적 없으니 원한 적도 없다. 앞선 친구가 뒤도 안보고 소리친다. 어찌 돌아봐? 돌부리에 바퀴라도 걸리면 어쩌, 뒤쫓는 친구의 숨소리 크기가 측정거리다.

"야. 성식아. 신성식. 빨리 와!"

아, 뒤 따르는 소년의 이름이라네.

"간다. 금방 쫓아간다."

소년이 페달을 밟으며 피식댄다.

'간만에 앞서면서 잘 난체는….'

앞선 친구가 안심하고 도망치는 것까지 소년을 흉내 낸다. 또 한 번 더 웃더니 발에 힘을 준다. 이제 진짜로 달릴 작정이다.

"금세 위치 바뀔 걸?"

무슨 재주일까? 희한한 자전거다. 돌부리를 절묘하게 피하나 싶더니, 정면충돌에도 탈이 없다. 한두 번 부려본 솜씨가 아니다. 결국, 친구를 앞지른다. 헉헉 대는 친구의 숨소리가 멀어진다.

'자식, 그럴 줄 알았다니까!'

얼마큼 달렸을까? 지친 소년이 숨을 내쉬며 페달을 멈춘 건.

총 9킬로미터, 만만할 리 없는 거리, 친구의 모습은 아예 없다.

학교는 북쪽 산 밑, 길은 구불구불 오르막이다. 그림이라면 거짓말이고 사진으로 보여주면 진짜 험난하다고 말하는 길이다. 내려갈 땐 신나지만 올라갈 때는 고역일밖에!

평지가 나타나면 쉬다 언덕을 오르고 다시 평지에서 숨을 고르고 또 오른다.

자전거를 끌고 올라가야만 하는 지점, 경쟁을 멈춘다.

울퉁불퉁 곳곳 패인 흙길, 비라도 오면 길 곳곳에 웅덩이가 생긴다. 매일 묘기처럼 달리니, 걸핏하면 펑크가 날밖에.

그리 고생할 바엔 그냥 걸어가라 할 테다, 모르는 소리, 걸어가면 족히 한 시간이 넘는다. 왕복 두 시간을 매일 길에 허비할 수는 없지 않은가.

　'오늘은 무탈 한가 했더니만'

　그저 웃을 뿐, 투정은 없다. 단단한 포장도로를 달려본 적이 없어, 불평 따윈 필요 없다. 뿐일까? 소년은 이미 기술자다. 값나가는 재료가 어디 있어? 고무풀이면 족하지, 손놀림 몇 번이면 충분하지.

　"후후...."

　이마에 땀이 차고 지각도 염려되지만, 투덜대지 않는다. 아버지를 생각하면, 어머니를 생각하니 그럴 수가 없다. 그래선 안 된다.

　'빡빡한 살림, 자전거 살돈이면 부모님은 하고팠던 몇 가지를 더 했을 터다.'

　'함에도 다 뒤로 두고 아들 자전거를 사줄 작정을 맨 앞에 두었을 테지.'

　'자전거에 방긋 웃는 아들, 그러길 잘했다 하셨을 테고.'

　하니, 불만은 어림없다.

　"야, 성식아, 자전거 또 바람 샜냐?"

　언제 따라온 걸까? 친구 놈이 다시 앞서며 따라오라 소리치지만, 신경도 안 쓴다. 또 피식 웃음 끝에 바람 샌 타이어를 부풀린다. 혼자 고치는 재주라 허술하려니, 웬걸? 그 역시 한두 번 솜씨가 아니다.

소년 그리고 나

구름이 소년을 뒤따른다. 빨리 가면 빨리 쫓고 헉헉대면 함께 쉰다. 내내 소년을 따라오다 구름도 지쳤나보다. 소년이 긴 숨을 내쉰다. 멀리 언덕 아래를 보고 서 있다. 야호! 소리라도 외치면 좋으련만, 말없이 돌아선다. 이내 학교로 들어가나 싶더니, 몇 걸음 하다 멈칫 한다. 뒤에서 보는데도 소년의 긴 한숨이 읽힌다. 내내 자신이 넘치더니 앞날을 생각하면 걱정이 커지나 보다.

'세상의 크기는 얼마나 되는 걸까?'

'나는 어떤 어른이 될까?'

'어른이 되고 후회하는 삶을 살고 있으면 어쩌지?'

소년은 아직 큰 세상을 본 적이 없다. 큰 사람이 되려면 큰 세상으로 나가야 한다고 어른들이 그러던데, 거짓말은 아닌 건지...

학교 방향으로 소년이 몸을 튼다. 혹시 사라질까 재빨리 소년을 부른다. 아릿하고 저릿한, 콧등이 시큰해진 소리로 겨우 소년을, 아니 나를 부른다.

"성식아. 신성식!"

소년이 돌아본다. 내 얼굴이 달아오르면 어째, 걱정이다.

"다행이다! 정말 다행이다!"

소년을 피해 숨지 않아도 된다. 그럴 이유도 필요도 없다. 소년에게 변명 거리가 없을 만큼 나는 당당하다.

어린 시절, 사진 속의 소년이 나를 내다본다. 자전거 손잡이를 움켜쥔 손에 잔뜩 힘을 준채로. 뭘 그리 각오하고 있기에.

꿈이 떠오른다.

'좋은 사람이 되는 것, 스스로에게 절대 부끄럽지 않은 사람이 되는 것'

'누군가에게 꼭 필요한 사람이 되는 것'

무슨 꿈이 그리 초라해? 백 억 짜리 빌딩 몇 채를 갖는 것도 아니고, 겨우 그쯤이라니. 그래놓고 거창하게 미래를 걱정했담?

답 없는 소년을 다독인다.

"아냐, 그건 결코 초라한 꿈이 아니었어."

"알아, 수십 년 후, 반드시 이뤄야 할 꿈이었다는 걸."

"다행이야. 너는 네 꿈을 배신하지 않았거든."

"지금 나는, 너는, 세상에 꼭 필요한 사람이 되어 있거든!"

수십 년 전의 내가, 수십 년 후의 내가, 서로를 마주한다. 미래에 부끄럽지 않을 소년과 과거에 당당한 나의 시선이 충돌한다.

소년과 나를, 현재의 사진에 담아놓고 아이들이 묻는다.

"아빠. 수십 년 후에도...."

"수십 년 후에도?"

"지금처럼 또 자신 있을 수 있어요?"

소년과 내가 동시에 꿈을 꾼다. 채울 공간이 여전한 미래, 오래 지속된 자신감엔 두려움 따윈 없다. 한참 후, 지금의 모습을 사진으로 추억할 날을 상상한다.

나는 자신 있게 답한다.

"물론이지! 그때도 지금도 그리고 미래도, 난 신성식이거든!"

교육이 필요해

"졸업은 무슨"

아버지에겐 졸업장이라는 게 없었다.

"아버지는 초등학교도 못 나왔어."

초등학교 4학년이 아버지가 공부한 전부라고 했다. 어머니에 비하면 그나마 공부를 많이 한 편이다. 어머니는 2학년도 온전히 채우지 못했으니까.

"왜요? 왜 졸업도 못 한 건데요?"

어린 나는 이해하지 못해 부모님께 물었다. 피식 웃는 부모님의 반응은 같았다. 같은 이유라 그러실 테지.

"왜긴, 돈이 없어서 그랬지 뭘."

"돈 없이 뭘 할 수가 있냐. 다 돈이 문제지"

어머니도 맞장구를 쳤다. 돈처럼 공감이 큰 게 없는 것 같았다. 하찮은 종이 따위가 뭐기에 그토록 우리 부모님을 힘들 게 한 것일까.

그랬구나. 나의 부모님은 돈이 없어 가난하게 살아왔고 공부를 많이 못했구나, 해서 고생했구나! 피부로 와 닿을 만큼 성장한 나이가 분명 아니었지만, 부모님이 고생을 많이 했다는 건 알 수 있었다. 그때도 부모님은 고생하고 있었으니까.

"먹고 살기도 힘든데 무슨 공부를 해"

돈, 돈이 없어 학교를 못 다녔다니. 돈이 뭐라고.

그래서 일까. 부모님은 교육에 대한 열망이 컸다. 교육을 받지 않으면, 세상에서 어떤 대접을 받는지 너무도 잘 알고 있어 그랬을 테다. 하지만 누구나 그러하듯 부모님의 이상과 현실은 달랐다. 모든 자식을 교육시킬 상황은 안 되었으니까. 모두를 가르치기엔 말도 안 되게 힘들었을 테니.

내겐 위로 누나 둘 형 한명 그리고 아래로 여동생이 있다. 총 다섯 명, 우리부모님의 피를 받는 남매들이다. 그중 넷째가 나 신성식이다.

누구인들 부모에게 소중하지 않으랴. 누군들 부모에게 애틋하지 않으랴, 한데도 그놈의 돈 때문에……. 결국, 누군가를 더 가르치고 누군가는 못 가르쳐야만 했다. 지금이라면 상상도 못 할 일이지만, 그때 그 시절엔 딸들이 애석하게도 그 손해를 감수했다. 함에도 큰누나는 불평할 수가 없었다. 아마도 큰 자식으로 태어나 동생들까지 챙겨야 한다고, 깊은 속으로 판단했을 테지. 그 속은 내가 감히 짐작할 수가 없다.

　아버지에겐 집안사람들이 우러러 보는 사촌형이 있었다. 내겐 당숙, 아버지는 사촌형과 한 마을에서 태어났지만 다른 삶을 살았다고 했다. 당숙은 대학까지 졸업했고 행정고시를 합격한 사람으로 전라남북도 도지사를 역임했다.

　"우리 집안에서 그만큼 성공한 사람이 없어."

　당숙에 대한 평가는 대단했다. 당숙과 친하게 지내면 무조건 부러움의 대상이었으니까. 집안사람들이 안 우러러 봤다면 거짓말일테다.

　당숙은 서울시 부시장을 역임하고 전매청장을 지냈다. 이후 장관의 자리에 오를 상황이 주어졌지만, 당시 박정희 정권에 밑 보인 게 있던 건지, 게서 멈췄다. 짐작컨대, 원리 원칙을 지키느라 그랬을 테지. 아버지의 말을 들어보면 당숙은 꽤나 우직했단다. 태풍이 불어도 흔들리지 않는 기백이 있었노라고 했다.

　언젠가 아버지가 내게 그랬다.

　'너는 누굴 닮아 그렇게 원리원칙을 지키느냐'

　'좀 구부정히 가도 되는데 반듯하게만 간다니까.'

　글쎄, 피는 못 속이는 다는 말이 명제인 듯도. 당숙뿐 아니라 아버지도 원리 원칙을 지키는 사람이었으니까.

당숙은 모든 집안의 자랑꺼리였다. 아버지는 사촌형을 보며 사람에게 왜 배움이 필요한지를 깨달았다고 했다. 사촌 형처럼 아버지도 되고 싶었을 테지만, 훨씬 가난했고 훨씬 배우지 못했으니 불가능했을 테다.

"아버지도 그렇게 되고 싶었지."

"하지만, 돈이 없으니 불가능 했던 거다."

"어차피 불가능한 걸 시샘할 것도 없지."

아버지는 사촌형을 무작정 부러워하지 않았다고 했다. 소위 잘 나가는 사촌형을 보며, 외려 목표가 생겼다고 했다. 목표가 있어야 삶이 달라진다고 했다.

'빨리 결혼해 가정을 이루자.'

'아이를 낳고 교육을 시키자.'

'모두는 힘들 테지만, 누구라도 공부를 시켜야 한다.'

스스로 이루지 못한 꿈, 아버지는 자식을 통해 꿈을 이루겠다고 작정했다고 했다. 해서 일찍 결혼을 했다. 일찍 결혼해야 꿈도 일찍 이룰 수 있다고 판단했던 걸까?

채 스무 살도 안 된 열여덟의 나이, 지금이라면 상상도 어려운 때, 아버지는 한 집의 가장이 되었고 남편이 되었으며 부모가 되었다.

나는 그렇게 넉넉지 않은 집안의 넷째로 태어났다.

"요놈의 이름은 성식으로 한다."

아버지는 나를 낳으시고 기뻐했다고 했다. 위로 누나 둘 형은 하나뿐이라, 지금이라면 역시 버럭 혼날 소리지만, 오래전엔 아들을 보면 특별히 여겼으니까. 아들 하나만 더 있었으면 좋겠다 싶던 때, 내가 태어났으니 말이다. 다섯 남매이니 독차지까지는 아니었지만 부모님의 사랑을 충분히 받고 자랐다.

험한 땅을 일군 부모님

아버지의 꿈은 컸지만 여전히 돈은 적었다. 할아버지는 아들인 아버지가 아주 어렸을 때 돌아가셔서 아버지는 할아버지 얼굴도 기억하지 못하신다. 그래도 농사를 짓는 아들에게 땅을 내주고 갔으니, 그게 어딘가. 아버지는 당신의 아버지에게 늘 고마워했다.

할아버지로부터 아버지가 물려받은 땅은 겨우 600평, 논 세마지기가 전부였다. 그나마 좋은 양질의 논이면 괜찮으련만, 불행하게도 섬 밑에 자리한 천수답이었다. 많지 않으면 품질이라도 좋아야 하는데, 작은 유산이 품질도 꽝이었던 거다.

땅이 많아 여유를 부리는 누군가에게는 그냥 줘도 관심을 두지 않는 땅, 그게 아버지의 목숨 같은 전 재산이었다. 같은 노력을 기울여도 좋은 땅보다는 곡식이 덜 나오는 땅, 그게 아버지가 물려받은 전 재산이었다. 그래도 어째, 돌무덤이라도 파서 살아야할 판인 걸. 부모라는 이름은 모든 걸 감수하도록 만드는 마술이지 않은가.

82

아버지는 험한 땅을 일구고 또 일궈냈다. 모르긴 해도 좋은 땅을 가진 사람과 같은 평수를 일구는데도 두 세배 더 고생해야 했을 테지. 그러고 나서도 좋은 땅만큼 결실을 갖기는 쉽지 않았을 테지, 그래도 쉬지 않았을 테지, 아니 쉬지 못했을 테지, 그래야 당신이 살고 가족이 살 수 있으니까. 그리고 평생 꿈인 자식 교육이 가능하니까.

다 안 되더라도, 다 싫더라도, 그저 고달플지라도 자식을 보면 해낼 수 있는 아버지와 어머니, 부모라는 특별한 존재는 신이 실수로 만든 것일 테다. 그토록 위대하게 탄생할 줄은 신도 몰랐을 테다. 신의 영역을 넘을 위대한 사랑, 신도 가능하지 못했을 존귀한 사랑, 부모의 사랑은 위대하니까.

넉넉지 못한 살림은 부모에겐 늘 죄였는지 모른다. 아버지는 작은 걸 다시 나눌 수밖에 없었다. 모두에게 나누다 누구에게도 도움이 안 될지 모른다고 판단했을 테다. 결국, 모든 자식을 가르칠 수 없다는 판단을 했을 게다. 그로 자식이 태어나며, 부모는 가진 게 없는 일로 죄인이 되었을 테다. 잘못도 없이 죄인이 되는 게 부모였다.

모두 가르칠 수 없다는 건 당연해서, 최소 아들이 태어나면 아들들만큼은 대학을 보내리라 작정했다. 지금이라면 역시 호통 치며 나무랄 일이겠지만, 그땐 다들 그랬다. 아니 그럴 수밖에 없었다고 해야, 덜 속상하리라.

아버지는, 누나들은 초등학교 형과 나는 대학을 보내겠다고 다짐한다. 나누고 나누다 보니 누나들의 차지는 분명 작았거나 아예 없었다. 그러니 설움을 겪었을 테지, 초등학교를 마치자마자 곧장 구로공단으로 향했으니까.

그 어린 나이에 그게 어찌 가능했을까 싶지만, 그때는 다들 그렇게 사니 그런가 보다 했더랬다. 애석하고 서글픈 합리다. 고사리 손으로 책장을 넘겨도 안쓰러워하는 게 요즘 부모들인데, 그 손으로 돈을 벌어보겠다고 나섰으니, 그 마음 오죽했을까. 그 마음 알면서도 보내야만 했던 부모들 심정은 또 어떠했을까. 감히 짐작도 어렵다.

큰 누이와 작은 누이는 성격이 달랐다. 아니 욕심이 달랐다고 해야 할까. 어쩌면 욕심은 같았으나 큰 누이는 큰 자식으로써의 역할을 해야 한다고 판단했을지 모른다. 큰 누이의 심성은 늘 그랬다. 넓고 어진 사람, 큰 자식은 아량을 갖고 태어난다는 말이 헛되지 않은 말이라는 걸 누이를 보면 느껴진다.

작은 누이는 부모님 앞에서 사정했다. 꿈을 버리지 못한, 버릴 수 없는 어린 소녀의 간절한 소원이었다. 그 모습이 너무도 간절해 지금도 잊히지 않는다.
"아버지. 나 중학교까지만 보내주세요. 제발..."
작은 누나는 초등학교를 졸업하고 울며불며 부모님께 매달렸다. 그래서 가까스로 중학교를 마쳤다. 그때, 반대하는 부모님도 매달리는 딸의 마음도 오죽했으랴.

가난이 여전히 죄라 여겼을 테지, 모든 게 당신들의 죄처럼 여겨져 잠 못 이루는 날이 많았을 테지.

'아니라고, 대부분 그리 산다고,'

'절대 우리만 그런 게 아니라고.'

세상을 합리해보지만, 실은 그게 아니라는 걸 알기에 통탄했을 테지, 당신들의 가슴을 아프게 눌렀겠지만, 속은 그게 아니었을 테지.

지금으로 셈을 하면, 모든 게 짐작도 어려운 시절, 당시 세상과 부딪쳐 인생을 만난 사람들은 비슷한 삶을 살았다. 초등학교를 마치고 보따리를 인 채 공단으로 취직을 하고 남의 집살이도 마다치 않았으니까. 그게 당시의 모습이었다. 허나, 마음은 같았을 테지. 공단으로 떠나는 어린 딸도, 가슴 아프게 보내는 부모들도 속으로만 울고 말았을 테지. 그중엔 나의 큰 누나도 포함이었다.

작은 누나는 욕심이 많았다. 왜 욕심이 없었으랴. 딸로 태어난 게 무슨 죄라고, 누이도 알았을 테지. 그러니 꽤나 속이 상하고 아팠을 테지, 그래서인지 이내 포기 할 수가 없었나 보다. 왜 안 그랬을까.

누군가는 가진 게 많아 고등학교 교복을 입고 학교에 다니기도 했으니까. 안 부러워한다면 거짓말일 테지, 누나는 스스로 고등학교 시험을 치렀고 합격증도 받아왔다.

아버지와 마주한 누나의 눈빛은 결연했지만 아버지도 만만치 않았다. 공부를 하고 싶은 딸과 공부를 시켜줄 수 없는 형편의 아버지.

그게 내 누나와 아버지였다는 게 문제였다.

　"아버지, 등록금 대주세요."

　"안 된다."

　알면서도 누나는 용기를 냈을 테고, 그 마음 빤히 알면서도 아버지는 거절했을 테지, 누군들, 어느 부모인들 안 대주고 싶었을까. 거절할 수밖에 없는 아버지 마음을 아니 상황을 누이도 알았을 테지, 해서 결국 포기하고 어린 나이에 취직을 했다. 하지만, 공부에 대한 꿈을 놓지 않았다.

나의 멋진 스승

작은 누나는 욕심이 컸다.

공부에 대한 것만큼 멋진 욕심이 또 있을까. 이후 누나는 혼자 공부를 했고 방송통신고등학교를 졸업했다. 이후 방송통신대학교까지 들어갔다. 게서도 꿈을 멈추지 않았다. 순천공업전문대학교 유아교육학과에 들어가 자격증까지 따낼 작정을 했다. 자격증을 따면 교사를 할 수 있겠다는 생각 때문이었다.

누나는 열심히 공부했고 당당히 합격했다.

누나는 아버지와 다시 마주했다.

"등록금을 대주세요."

"안 돼. 그럼 다른 걸 못하게 되는 게 많다."

아버지는 또 거절했고 누나는 또 좌절했다. 나쁜 짓을 하려는 게 아니니 당당했고 그 마음을 아니 거절하는 부모의 마음도 찢어졌을 테지, 그 모습을 보고 할머니가 딱했던 모양이지, 아들에게 사정을 했다.

"저리 사정하니. 딴 건 몰라도 입학금은 한번 대주자."

뻔한 아들의 사정을 알기에 할머니도 어려웠을 테다. 그래도 한번은 손녀를 살려주고 싶었나 보다. 아들에게 사정이라니, 딸보다 더 간절했다.

"혼자 저리 공부해서 합격한 게 어디냐."

"애비야. 어렵겠지만, 그 소원 한번 들어주렴."

아버지도 결국, 할머니에겐 자식인 것을, 어머니 부탁까지 거절키는 힘들었을 테지, 이후 더 힘들어 진다는 걸 알면서도 아버지는 고개를 끄덕였다.

누나는 그렇게 할머니의 도움으로 학교에 입학했다. 이후 더는 부모로부터 도움을 받지 못했지만, 꿋꿋하게 공부를 이어갔다. 그리고 결국, 대학 졸업장을 따냈다.

누군가의 전기가 아닌 내 누이의 삶이다. 알게 모르게 누나의 공부에 대한 열정이 내가 세상에 대한 꿈을 키우는 역할을 한 건지도 모른다. 왜 그토록 공부를 하려고 하는지, 왜 공부를 해야만 하는지를 직접 보여줬으니까.

'가장 좋은 스승은, 가장 필요한 걸 몸소 보여주는 사람이니까.'

험한 땅을 일궈낸 아버지와 어머니의 손이 그랬고 공부에 대한 열정으로 꿈을 이룬 누나가 내겐 멋진 스승이었다.

조용하지만 더디지 않은 소년

잘 나서는 편이 아니었다. 무턱대고 조용한 걸 좋아하는 건 아니었는데 시끄러운 것도 좋아하지 않았다. 그냥 조용히 앉아 뭔가를 만들곤 했다. 조용한데도 행동은 안 더딘 아니, 그게 나 신성식의 어린 시절이었다고 하면 맞을까.

틀에 갇혀 움직이는 게 싫었다. 하나엔 하나를 맞춰야만 하고 둘엔 둘을 맞춰야만 한다는 이론이 이해 안 되었다. 아니 싫었다고 표현해야 옳겠다. 둘에도 셋이 들어갈 수 있고 셋에도 넷도 다섯도 포함시킬 수 있는 상상이 좋았다. 그래야 지금의 틀을 벗어날 수 있다고 생각했다.

새로움을 시도하는 게 좋았다. 그 시도는 부모님의 농사일까지도 관여했으니, 오지랖이었는지 호기심인지 분간이 어렵다.

"아버지"

"어, 우리아들 왜?"

"그런데, 왜 시골에서는 농사만 짓나요?"

"왜 농사만 짓고 사느냐고? 그럼.... 뭘 하지?"

"농사가 아니면 할 게 없나요?"

어린 시절 엉뚱한 질문에 아버지는 피식 웃었다.

"그러니 너는 공부를 열심히 해."

아버지로부터 받던 최고의 협박을 그 순간에도 들어야 했다.

"공부 못하면 아버지처럼 이렇게 고생하며 농사만 지으며 살아야 할지 모르니까."

순간 농사는 하대해도 되는 직업군이 되어 버렸다. 지금이야 농업 기술인도 많고 웬만한 직장인과 비교할 수도 없을 만큼 수익을 거두는 농업인도 많지만, 그때는 많이 배우지 못하면 농사를 지어야 하는 것처럼 여겨지곤 했다.

아버지는 잠시 후 고개를 끄덕이며 나를 봤다. 엉뚱했을지언정 엉성한 질문이라고 여기지는 않았다.

'농사 일이 저렇게 힘든데.'

'아버지와 어머니 모두 농사일로 저리 고생이라는 걸 하는데.'

'저리 고생할 정도라면 다른 걸로 더 많은 돈을 벌면 안 되는 걸까?'

'왜 같은 일만 반복하며 사는 걸까?'

나의 판단은 엉뚱했지만, 제법 그럴듯하기도 했다.

그때 내 눈에는 고생으로 하루를 보내는 부모님의 고된 나날이 너무나 불행하게만 보였다. 그 불행을 부모님은 운명으로 받아들이고 있었다. 그게 싫었다. 나쁜 건 분명 아닌데 춤추고 싶게 좋지 않을 걸 보니, 행복한 일이 아닌 것은 분명해 보였다.

'지옥과 천국은 있을까?'

'부모님의 고생만 사라져도 천국일 텐데.'

'천국에 사는 사람도 있기는 한 걸까?'

어린 내게 부모님의 고생이 마냥 지옥 같아 보였다. 그래서 더 안타깝고 가슴 아팠다. 왜 이런 지옥을 부모님은 못 벗어나는 것일까. 벗어나고 싶지만, 아예 불가능한 것일까. 몇 날 며칠을 자고 일어나도, 몇 달 몇 년이 흘러도 천국은 보이지 않았다.

상상의 아이 신성식

"농촌을 진짜 수익이 많이 나게 하는 건 불가능 한 거야?"

"왜. 안 되는 걸까?"

"직장처럼은 일을 못하는 걸까? 궁금해 하는 사람이 있기는 한 거야?"

누군가는 황당하다고 할지 모르지만, 나는 농촌을 재미있는 직장으로 바꿀 수 있는 방법이 무엇일까를 상상해보곤 했다. 어른들은 고달픈 삶을 살아가면서도 대안을 모색하지 않는 것 같아 어린 마음에 속상했다.

중학교 때였다.

"아버지. 좋은 생각이 있습니다."

"좋은 생각?"

나는 고개를 끄덕였다. 아나도 꽤나 자신감도 있었을 테지, 아버지의 표정이 그랬다. 얼마나 자신 있는 생각이기에 그럴까 싶은.

"아마, 아무도 이 생각 못했을 걸요?"

아버지는 더 궁금해 했다.

"이렇게 힘들게 하지 마시고 뒤에 사슴을 한번 키워 봅시다. 먹이도 많이 안 먹고, 뿔을 내다 팔면 돈을 많이 벌 수 있다고 하던데요."

나는 획기적이라 여겼는데, 아버지는 그냥 빙긋 웃으며 답했다.

"나중에 네가 직접 해보렴."

아버지는 단호히 말을 이었다.

"그건 아버지가 아는 분야가 아니잖니."

"그러니까 아버지가 할 일이 아닌 거다."

지금은 알지만 그때는 아버지의 말을 이해하지 못했다. 그냥, 왜, 무엇 때문에가 내 생각이었다. 하지만, 아버지는 아들의 이야기를 완전하게 무시하지 않았다. 창의성이 앞서는 아들을 보며, 당장의 상황에 안주하는 건 아닌가 싶어 했는지도 모른다. 뒤돌아서 '녀석이 제법이군!' 칭찬했을 런지도 모른다.

창의성을 발휘한 아버지

　전기가 들어온 게 초등학교 4학년 겨울방학때였다. 낮엔 햇빛으로 환하고 밤이 되면 당연히 어두워지는 게 세상이려니, 하고 살았다. 밤이 되면 자연스럽게 호롱불을 켜곤 했다. 지금처럼 휴대폰이 어디 있고 게임기가 어디 있어, 밤이 되면 우리 집은 아니 온 동네는 절간처럼 조용해졌다.

　지금 아이들에게 전기가 없는 세상에 살았다고 하면 믿으려고도 하지 않는다. 밤이 되고 호롱불 하나면 켜도 환하게 보였는데, 막상 전기가 들어오고 보니 얼마나 어두운 밤을 보내며 살았는지 알 수 있었다. 알고 보면 아주 흐릿한 백열전구였음에도 불구하고 태양보다 더 환하게 느껴졌다.

　밤에도 글을 볼 수 있어 좋았다. 사람들은 호롱불 없는 세상이 왔다고 난리였다. 그것만으로도 사람들은 모두 만족해했다. 하지만 아버지는 그로 만족하는 것 같지 않았다. 전기가 들어왔으니 전기를 쓸모 있게 이용해야 한다고 말했다.

"어떻게 전기를 쓰면 되죠?"

아버지는 웃으며 답했다. 생각지도 못한 답이었다.

"성식아. 아버지가 말이다. 텔레비전을 살 거란다."

"텔레비전이요?"

아버지는 고개를 끄덕였다. 전기가 들어오자마자 아버지가 실행하신 일이었다. 전 같으면 어림없을 일인데, 돈을 잘 안쓰시는 아버지가 TV를 산다고 하셨으면 무슨 계획이 있었겠지. 뭔가 안주해선 안 된다고 판단한 것일까. 그때 아버지는 분명 다른 사람들보다 뭔가 앞서가려고 애를 썼다. 그게 표가 났다. 감히 내 덕일지 모른다고 우쭐 하기도 했다.

아버지는 다른 사람들보다 앞서나가기 시작했다. 세 마지기로 시작한 논은 어느새 다섯 마지기가 되었고 열 마지기에서 열다섯을 넘어 열예닐곱 마지기로 늘어났다. 사실 빤한 농사일로 농지를 늘려간다는 건, 해보지 않은 사람은 얼마나 힘든 일인지 모른다. 아버지는 그걸 해내셨던 거다.

당시는 겨울을 농한기로 여겼다. 지금이야 사철 내내 일이 물려 돌아가지만, 그때는 그랬다. 그래서 동네에서 모여서 걸핏하면 화투놀이를 하거나 잡담을 나누며 긴 시간을 보내곤 했다. 하기야 지금처럼 볼거리가 있던 것도 아니니 이해가 안 되는 것도 이해 못할 일도 아니었다. 그땐 시골 대부분이 그렇게 겨울을 보냈다.

내가 아버지를 자랑스러워 한 건 그때 아버지의 모습 때문이었다.

"아버지는 화투놀이 같은 거 안 해. 그럴 시간에 다른 걸 하지."

"어떤 거요?"

"네가, 사슴 키워 보자고 했던 거랑 비슷한 거."

맞다. 아버지는 사슴을 키우지는 않았다. 아마도 아들의 창의성을 높이 평가한 답이었을 테다. 그게 좋았다. 아버지의 답은 멋졌고 실행은 더 멋졌다.

"이게 뭔가요?"

"뭐긴, 가마니 짜는 기계다."

"가마니요? 가마니를 기계로 짠다고요?"

"그럼, 이게 훨씬 빠르지. 모르긴 해도 백배는 빠를 걸?"

겨울에 놀지 않고 수익을 거두려는 아버지의 지혜였다. 누군가는 노느라고 시간과 돈을 한 번에 버렸고 덤으로 몸까지 버렸다. 누군가 그렇게 남는 시간을 헛되이 보내는 동안 아버지는 기계를 돌려 수익창출을 했다.

농한기 겨울, 똑 같이 굴뚝에서 연기가 치솟았다. 누군가의 집에서는 동네사람들이 옹기종기 모여 놀고있었지만 우리 집에서는 가마니가 만들어졌다. 아니 돈이 만들어졌다.

매일 밤낮으로 가마니 짜는 기계가 돌아갔다. 아버지의 새로운 꿈도 함께 돌아갔으리라. 사실, 열예닐곱 마지기로 땅이 늘었다고 하지만, 그쯤으로 부자는 아니었다. 생활이 전보다 좀 괜찮아졌을 뿐 넉넉해진 것 역시 아니었다.

아버지의 지혜

부자가 된 건 아니지만, 부모님 두 분이 늘어난 땅의 농사일을 모두 하는 건 버거운 일이었다. 그래서 사람을 고용해야만 했다. 하지만 사람 구하기가 굉장히 힘들었다. 여건이 좋아 보이는 집이 아니면 일꾼들이 오지 않았다.

말이 열예닐곱 마지기이지, 평수로 보면 삼천여 평이니, 부자는 안 되었어도 두 분의 힘으로는 절대 불가능했다. 어린 내가 도와드려 봐야, 때론 안 하니만 못한 경우도 생기곤 했으니까. 일해 줄 사람을 불러 모을 수단이 필요했다.

아버지는 지혜를 발휘했다. TV를 사온 이유가 그 때문이었다.

당시 시골에 TV가 있는 집이라면 일꾼들이 주저 없이 와서 일을 했다. 뭔가 안정권에 있는 집으로 여겼으니까. 지금이라면 고개를 갸웃할 일이지만, 그땐 그랬다. 권투 중계를 보려고 모여든 사람들로 TV가 있는 집에는 사람이 넘쳐났다.

좁은 방에 수십 명이 들어 앉아 TV를 보며 신기해했다. 한국 선수가 외국 선수에게 펀치를 날리면 그야말로 잔칫날이 되곤 했다. 환호를 지르는 사람 중엔 인부도 끼어 있었다.

아버지는 수완이 좋은 사람이었다. 이처럼 TV를 통해 인부를 자연스럽게 집으로 끌어들였으니 말이다. 눈에 보이는 단순한 것들로 누구누구 집의 상황을 파악하던 시절이었다.

그로 끝이 아니었다. "설마 이거...."

"맞다. 경운기."

"이거 설마 우리 거예요?"

아버지는 고개를 끄덕였다. 다른 집보다 텔레비전이 먼저 생겼으니, 브라운관을 통해 경운기를 보긴 했지만 그게 우리 집에 제일 먼저 들어오게 될 거라고는 생각지도 못했다.

아버지는 경운기에 무엇 무엇이 있고 작동은 어떻게 하는 지도 정확하게 알지 못했다. 동네에 경운기가 한 대도 없었으니, 작동방법을 아는 사람 역시 있을 리가 있나, 그런데도 덜컥 사들였다. 하지만, 경운기는 농사일을 능수능란하게 하는 도구라는 건 누구나 알고 있었다.

아버지가 말했다.

"있으면 배우게 될 테고 배우면 쓸데가 있지 않겠냐."

아버지의 말은 옳았다.

"쓸데가 있으면 부르는 데가 있을 테고 부르는 데가 있으면 돈이 될 테지."

아버지는 헛되지 않은 지출임을 알고 있었다.

아버지 말대로 있으니 배우면 되었다. 배우고 나자 역시 쓸 곳도 생겨났다. 없을 때는 몰랐는데 경운기가 있으니 할 수 있는 게 많았다.

사방에서 아버지를 불렀다. 논은 소가 갈고 사람의 손으로 마무리하는 게 당연하다고 생각하던 사람들의 생각이 달라졌다. 경운기가 어떻게 생겼는지 보러 오는 동네 사람들도 많았다. 옆 마을에서 보러 온 적도 있었다. 그래도 논은 소가 갈아야지, 하던 사람들도 경운기의 놀라운 능력에 감탄했다.

곳곳에서 논을 갈아달라고 아버지에게 부탁해왔다. 아버지 말이 연속 안타를 날렸다. 부르는 데가 곳 돈이 되는 곳이었으니.

경운기는 놀랍고 신비했다. 소를 이용해 논을 갈 때보다 속도에서 훨씬 빨랐다. 뿐이 아니었다. 보리타작 때가 되면 곳곳 와달라고 했다.

경운기는 하나인데 여러 구실을 하는 재주가 많은 기계였다. 사람 손과는 비교가 불가했고 웬만한 일소와도 비교 불가했다. 처음엔 소로 직접 일을 해보려던 동네 사람들도 경운기 속도에 반해 결국, 아버지를 집으로 부르곤 했다.

그렇게 경운기로 누군가의 일을 해주고 나면, 수확량 중에서 조금씩 곡식을 대가로 받아오곤 했다. 돈으로 대가를 받아올 때보다 곡식으로 받아올 때가 훨씬 많았는데, 아버지는 불만하지 않았다. 결국, 곡식이 돈인 곳이 농촌이 아닌가.

아버지는 실행의 아이콘

누군가 실행치 않은 걸 먼저 실행했던 아버지, 솔직히 그쯤으로 부를 이뤘다고까지 말 할 수는 없었다. 하지만, 당시만 해도 곳곳에서 보릿고개라고 해서 매년 3월이 되면 굶는 게 당연하다고 생각하는 사람이 많았다.

우리 가족은 부자가 되지는 않았지만, 다행히도 보릿고개를 경험하지는 않았다. 당시는 보릿고개를 피하는 집이면 부잣집이라고 할 정도였다. 얼마나 굶는 집이 많았으면 그랬을까. 부자는 아니었지만, 먹을 게 없어 배를 웅크리지 않아도 되는 삶, 아버지의 창의성과 부지런한 실행, 무엇보다 지혜 덕이었다.

세상은 지식이 아니라 지혜로 사는 거라 하지 않던가.

많이 배우지 못한 아버지는 자식에게 전해줄 엄청난 지식은 없었을지 모른다. 조금만 공부를 이어도 아버지 보다 자식들은 더 많이 배운 상황이었으니까. 아버지는 지식을 전할 수 없는 대신 넉넉한 지혜를 가르쳐 주었다. 그때 나는 아버지로부터 지혜로운 사람이 되는 방법에 대해 자연스럽게 배웠다.

'남들처럼 당장의 상황에 안주하지 않는 것'

'시간을 헛되이 보내지 않는 것.'

'생각한대로 실행해 보는 것'

'노력하는 것, 한 번 더 보고 살펴보는 것'

'그럼 앞서갈 수 있다는 것'

아버지는 이야기하지 않고 몸소 실행해 주었다. 아무리 지혜로운 것이라도 실행이 되지 않는다면 소용이 없지 않은가. 아버지는 실행의 아이콘이었다. 부뚜막의 소금도 집어넣어야 짜다하지 않던가. 실행 없는 계획은 무용지물일 뿐이다.

그때 나는 뭐든 직접 실행해야 한다는 걸 자연스럽게 배웠다. 따로 가르치지 않아도 스스로 알게 될 거라는 걸, 아버지는 알았던 듯하다. 역시 아버지의 지혜였다.

얌전한 듯 활동적인 아이

"성식이 너는 언뜻 보면 정말 조용해 보이는데 말이지."

"그런데 녀석이 어떤 날 보면 참 개구지단 말이지."

당시 내가 자주 듣던 말이었다. 얌전한 고양이 같은데, 부뚜막엔 늘 제일 먼저 올라가는 아이라는 말도 자주 듣곤 들었다.

언뜻 보면 참 얌전한 아이, 그러다 문득 호기심이 생기면 반드시 실행해 옮기는 아이, 그게 어린 시절의 나였다. 말 그대로 얌전한 듯 활동적인 아이였다. 언뜻 보면 참해보였고 자세히 살펴보면 매우 활동적인 아이였다고 하면 맞을는지 모르겠다. 전혀 안 그럴 것 같은데, 어느 날 보면, 아주 엉뚱한 일로 사고 아닌 사고를 치던 아이였다.

그때, 초등학교에도 들어가기 전이었다.

우리 집 옆으로 한참 높은 대밭이 자리해 있었다. 바람이 불어와

부스럭 거리는 소리를, 뭔가 대밭에 있다고 판단하고는 냅다 돌을 던졌다. 그러고는 뭐가 돌에 맞는가를 살피려는데 다시 돌이 굴러와 나를 때렸다. 결국, 흉터를 만들었다.

"그 흉터는 뭔가요?"

흉터가 생긴 일화에, 정통으로 맞았다는 말에, 사람들이 웃곤 한다.

낫을 들고 뭔가를 자르고 만드는 걸 좋아했다. 뭔가를 만드는 걸 무척 좋아했다. 낫으로 자르고 다듬는 순간이 좋았다. 다만, 시작과 결론이 다른 게 늘 문제였다.

처음엔 얌전히 만드는데 결국, 손가락 뼈가 보일정도로 심사게 베이기 일쑤였다. 자주 그러니 가족들 모두, 내가 낫을 들기만 하면 일단 말리는 진풍경이 벌어지곤 했다.

동네 친구들은 소에 먹일 풀을 베러 다니느라 바빴는데, 나는 낫을 들기만 해도 가족들이 일단 말리는 통에 소 풀을 뜯기는 일만 했다. 지금도 오른쪽, 왼쪽 손가락에 그때의 흉터가 남아있으니 절대 일이 하기 싫어 잔꾀를 부린 건 아니다.

뿐이랴, 4학년 때는 동네 형들과 놀다가 팔이 부러진 적이 있다. 마을에서 몇 킬로 떨어진 산 너머로 큰집 형님이 나를 업고, 아버지는 부러진 내 팔을 잡고 달리셨다. 접골하는 내내 얼마나 아팠던지 지금도 그때의 고통이 떠오르곤 한다.

등에 나를 업고 헉헉 대던 큰집 형님과 아버지의 숨소리 역시 잊을 수 없는 기억이다. 한 번도 쉬지 않고 달려가던 큰집 형님과 아버지는 아들의 부러진 팔을 보고 세상 그 무엇도 안 보였으리라, 얼른 달려가 아들의 팔을 고쳐야 한다는 생각뿐이었으리라. 혹여 팔을 영영 못쓰게 되면 어쩌나, 내 팔이라도 떼어주면 그만이지만 그건 안 될 테니 만약 그리 되면 어쩌나, 온갖 걱정에 당신 발이 퉁퉁 부어오르는 줄도 몰랐으리라.

평소엔 얌전하다가 문득 문득 사고를 치는 아이, 그게 나 신성식이었다. 한 번 호기심이 생기면 해결이 되어야 직성이 풀리곤 했으니까. 그래서 누군가는 '순한데 사고 잘 치는 아이'라고 부르기도 했다.

그때는 초등학교 한 반이 대부분 60명에서 70명이 될 정도로 아이들이 많았다. 운동회라도 열리면 학교뿐 아니라 사방천지 온 동네가 다 잔치를 벌일 정도였으니까. 한 동네 아이들만 모여도 웬만한 놀이를 하고도 남을 만큼 아이들이 많던 때였다. 웬만한 집들은 서너명은 기본으로 자녀를 두고 있었다. 예닐곱 명에서 아홉 열까지 자식을 둔 집도 있었다.

어버이날도 운동회 못지않았다. 늘 어버이날이 되면 행사가 벌어졌다. 평소엔 늘 얌전했으니 내가 나서서 율동을 할 거라고 생각한 사람은 아무도 없었다. 하지만, 만약 내가 율동을 한다면 사람들이 어떻게 볼까, 궁금했다. 그래서 조용히 앉아 있다 갑자기 나서서 누구보다 열심히 율동을 했다. 그게 나라는 아이였다. 그러고 보면 무작정 사고만 친 건 아니었다. 얌전할 땐 얌전하고 나설 땐 적극적이었지 싶다.

'지금의 나도 그러니까!'

용기가 생긴 아이

  학교에도 선거가 있다. 반장선거 인데, 우리 학교에서는 딱히 선거를 하지 않았다. 이유는 선생님이 처음 정한 아이를 늘 줄반장으로 임명했기 때문이었다. 친구는 그 덕에 1학년부터 5학년 까지 내내 줄반장을 할 수 있었다.

  늘 해오니 늘 그 아이가 하는 것으로 여겼다. 나 역시 그랬다. 또 4학년이 될 때까지 공부도 뒷전이었다. 아버지가 공부하라는 말은 의례 하는 소리로 생각했다. 관심도 크지 않았고 왜 공부를 잘해야 하는지도 사실 잘 몰랐다. 그러다 5학년이 되면서 차츰 공부에 스스로 흥미를 갖게 되었는데, 흥미가 생기자 성적도 오르기 시작했다.

  공부의 맛을 느낀 계기는 따로 있었다.

  동네에 빈 방이 몇 개 있었다. 그 중 하나를 빌려 서당이 열렸다. 한자에 능통한 어르신을 선생님을 모셔와 아이들을 가르쳤다.

당시엔 지금처럼 학원이 즐비하던 때가 아니었다. 한문을 가리키는 서당이 그 역할을 대신했다. 내가 살던 동네는 다른 마을에 비해 학구열이 높았다. 동네 터가 좋다고 소문이 났을 정도였다. 이유는 마을에서 도자시가 나오면서 더 그랬다. 게서 공부를 한다고 내 자식이 똑 같이 되는 것도 아닌데, 부모 마음은 또 그게 아니었다. 또 무조건 아니라 할 수도 없던 게, 고위 공무원들도 많이 배출되다보니, 우리 아이도 가르치면 뭔가 되지 않을까 하는 부모들이 많았다.

애초에도 아이들이 많은데다, 학구열도 높아 학생이 많았다. 사람이 많이 모이면 생기는 일이 우리에게도 발생했다. 다름 아닌 경쟁이다. 시골 마을임에도 서로 견제하는 경우가 많았다.

최소한 누구집의 자식보다는 잘 되어야 한다는 묘한 경쟁 심리도 부모들의 마음을 부추겼다. 다들 먹고 살기 바쁘다 하면서도 자식들이 공부를 잘 해주기 바라는 마음은 한 결 같았다.

우리 집 역시 큰 집이 이사를 가게 되었는데, 이제 우리 집만 남겨지다보니 알게 모르게 견제의 대상이 되었다. 못 살았으면 괜찮을지도 모른다. 큰 부자가 된 것도 아닌데, 힘겹게 살다 형편이 좀 나아지자 사람들의 견제가 늘어났다. 아무튼 그때 나는 서당으로 열심히 다녔다.

배운 천자문을 외우면서 다녔다. 학교를 다니는 내내 그렇게 공부를 열심히 해본 적이 없었다. 안 그러면 야단을 맞았으니까.

무슨 뜻인지도 모른 체, 천자문을 통째로 외웠다. 그런데 희한하지, 결국 천자문을 거의 다 외우자 이제 내 것이 되었구나 싶은 생각이 들었다. 버릇이 되어 그런지 공부도 서서히 흥미가 되었다.

'성적이 오르면, 공부가 흥미롭게 여겨진단다.'

선생님의 말이 그제야 이해가 되었다. 성적이 오르자 공부가 흥미롭게 여겨졌는데 그뿐이 아니었다.

성적이 오르자 다른 일도 자신감이 생겨났다. 그러다 6학년이 되었을 때 성적은 더 올랐다. 당연하게 다른 일에 대한 자신감도 그만큼 커졌다.

그때 선생님이 내내 한 아이가 줄반장을 하자 이번에는 지정하자고 했다. 이른바 선거를 치러 보자는 거였다.

"반장하고 싶은 사람, 손 들어봐."

전 같으면 어림없을 일인데, 무슨 일로 손을 번쩍 들었다. 무슨 용기였는지 모르겠지만, 왠지 나서고 싶었다.

"제가 하겠습니다."

말은 뱉었지만, 이내 후회했다. 대체 무슨 생각으로 그런 거냐고 스스로 야단을 치고 있을 때, 후보로써의 의견을 말하라고 했다. 어떻게 그 시간이 흘렀는지 알 수 없었다. 대체 무슨 말을 한 건지, 아이들이 듣고는 있던 건지, 앞이 그냥 캄캄했다. 괜히 손을 들었다고 또 후회했지만, 이미 벌어진 아니 벌려놓은 일이었다. 당연하게도 떨어질 테고, 자칫 놀림감이나 되지 않으려나 싶던 때, 내가 당선되었다는 소리가 들렸다. 박수 소리에 놀라서 보니 정말 내가 당선 된 게 맞았다.

'헤! 정말?'

좋아진 성적이 용기를 만들었고 용기는 도전을 만들었다. 도전의 성취가 어떤 것임을 어린 나이에 깨달았다. 당시엔, 리더십이라는 말을 지금처럼 흔히 사용치 않았지만, 그게 리더십이었던 듯하다.

나는 반장을 하며 내내 갖고 있던 수줍음을 버렸다. 얌전한 데 문득 사고치는 아이가 아니라 그냥 당당한 아이로 말이다. 어쩌면 내 안에 당당함이 숨어 있다 반장 선거를 핑계 삼아 밖으로 터져 나온 건지도 모른다.

"성식아. 나 요즘 이게 되게 힘들다? 어떻게 하면 좋을까?"

반장이 되자 다가가지 않아도 먼저 아이들이 다가왔다. 그때마다 나는 그 누구도 외면치 않았다. 내게 다가와 주는 것만으로도 행복한 일이었다. 그리고 친구의 입장이 되어 함께 생각해 보려고 노력했다.

아이들은 내게 속마음을 털어놨고 나는 해결사 역할을 해주곤 했다. 아이들을 이끄는 게 흥미로웠다. 소통의 영역이 넓어지자 다수가 모여 있어도 긴장이 줄었다. 긴장이 줄자 말이 술술 터져 나왔다. 말이 터져 나오자 호응이 커졌다. 주변에서 나에 대한 호응이 커질수록 희열을 느꼈다. 그때부터 아이들은 자신의 고민을 내게 말하곤 했다. 공감해주며 친구들의 말을 들어주면 해법을 주지 않아도 좋아했다. 그때 일찍 반드시 말을 하지 않아도 소통이 가능하다는 걸 깨달았다. 누군가의 이야기를 들어주는 것만으로도 상대에게 행복을 줄 수 있었다.

　아마도 누군가에게 필요한 사람이 되는 것이 무엇인지, 어설피 일찍 깨달았던 건 아닐까?

나는 준비된 검사였을까?

    다니던 초등학교엔 소각장이 있었다. 한 번은 지나다 앞쪽이 타들어간 책을 꺼낸 적이 있었다. 앞 쪽이 20여 페이지나 떨어져 나간 책이었다. 앞에 나온 이야기를 모르니 그냥 버릴까 하다가 다음 이야기라도 건져볼 생각으로 집으로 가져갔다. 호기심으로 책을 펼친 순간 술술 읽혔다.

    하늘을 나는 이야기, 상상을 초월한 이야기는 높은 흡인력으로 마음을 끌어당겼다. 읽고 또 읽어 책이 낡았을 정도였다. 이미 알고 있는 내용인데도 읽을 때마다 새로운 장면을 보는 듯 눈앞에 이야기가 펼쳐졌다. 대체 이렇게 멋진 이야기를 쓰는 사람은 누구일까. 겉 표지가 없으니 저자의 이름도 모른 체 읽었던 거다.

    책은 시골에서 학교를 다니던 내게 새로운 세계를 보여주었다.

    선생님도 나와 취향이 비슷했던 걸까?

114

6학년 때, 담임선생님은 종례 때가 되면 이야기를 들려주곤 했다. 선생님이 어찌나 말솜씨가 좋으신지, 우리는 영화를 보듯 이야기를 듣곤 했다. 종례 시간이 가까워 오면 집에 가는 게 기다려지는 게 아니라, 집에 가기 전 들려주신 이야기가 기다려졌다.

선생님이 해주셨던 소설은 무슨 책이었을까. 성인이 되고 찾아보려했지만 알 길이 없었다. 주먹을 쥐고 듣던 이야기 내가 마치 소설 속 주인공이라도 된 양 짜릿했던 이야기, 장보도를 차지하기 위해 싸우는 무림의 고수들이 살아 꿈틀 대는 것만 같은 이야기였으니까.
소원하면 이루어진다고 했던가. 어느 날, 기적처럼 같은 이야기의 책을 보게 되었다. 지금으로부터 벌써 이십여 년 전의 일이다.
'무유지'
무지 와룡성이 쓴 책이었다. 책이 손에 들어오던 순간 가슴이 떨려왔다. 그런데 희한하지, 어려서 읽고 또 읽던 책처럼, 선생님께 듣고 또 들었던 이야기처럼 흥미롭지 않았다.

검사가 되고 들은 이야기가 있다.
"검사가 꼭 읽어야할 책이 있어"
"압니다. 어디 한 두 권인가요?"
검사가 봐야 하는 책이 한두 권이 아닌 건, 세상사람 다 아는 말이다. 법에 관련한 책이 끝도 없으니 말이다. 한데, 권유받은 책은 장르가 상상을 넘었다. 다름 아닌 무협지였다. 어려서 수없이 읽었고 종례시간을 기다리게 만들었던 무협지 이야기, 그 이야기를 검사는 반드시 읽어야한단다. 대체 무슨 이유로...

　선배가 전해준 책은 김용님의 영웅문 시리즈였다. 난데없는 무협지라니, 아이들이 하는 말로 쌩뚱맞아 보였다. 표지를 봐도 왜 읽어야 하는지 감이 안 왔다. 읽을 책이 쌓였는데 하필 무협지라니, 나를 가지고 장난을 치는 건가 싶은 생각까지 들었다. 흔한 아재 개그로 어설피 웃기면 그냥 안 둘 생각이었다.

　선배를 보며 물었다.

　"이걸 왜 검사가 읽어야 하죠?"

　"왜는 무협의 소설 내용이 뭐냐."

　"내용이요?"

　"결국, 권선징악이 목표 아니냐고."

　"아! 아아...."

　뒤통수를 한 대 맞은 것 같았다. 검사들이 읽어야할 모든 덕목이 무협지 속에 다 들어 있었다. 반드시 읽어야할 이유가 충분하고도 넘쳤다. 악은 절대 승리 불가능한 무협, 주인공은 칼을 숨겼고 우리는 정의를 숨겼다. 다시 가슴이 뛰었다. 어렸을 적 무협지를 읽으며 뛰던 가슴의 박동 수에 뒤지지 않았다.

'권선징악'

맞다. 그랬다. 모든 무협지는 권선징악을 토대로 만들어진 이야기였다. 악을 물리치는 순간 주먹을 쥐고 느껴지는 카타르시스에 몸부림치지 않던가 말이다. 순간 모든 독자는 자신이 주인공이라고 착각하지 않던가.

선이 이기는 세상, 선이 악을 물리치는 사회, 검사가 가장 강조하는 부분이다. 검사를 악의 칼잡이라 부르는 이유를 깨달았다. 무협지 속 주인공은 칼을 뽑아들었지만 우리는 정의를 가슴에 차고 있을 뿐, 악에 대한 응징의 목적은 매한가지다.

권선징악이 무엇인가.

'선을 권하고 악을 벌함'

그랬다. 검사가 하는 것이 무엇인가. 결국, 세상에 침투한 악을 척결할 임무를 가진 사람이 아닌가 말이다. 그 속엔 나도 포함이었다. 어느 무협지라도 악을 승리로 이끈 이야기는 없다. 검사가 왜 무협지를 필수로 봐야 한다는 건지 깨달았다.

수십 년 만에 손에 쥐게 되었던 무협지, 선생님이 전해주던 이야기처럼 흥미롭지 않던 이유는, 이제 내가 서 있는 곳이 상상이 아닌 현실이기 때문일지 모른다고 생각되었다. 무협지 속 주인공은 상상의 대상이었지만, 나는 악과 대면하고 서 있는 실제 주인공이 아니던가. 무협지 속 이야기는 현실과 나를 잇고 있었다. 절대 흥미를 잃은 게 아니었다. 내가 그 주인공이 되어 있기에 몰랐을 뿐!

'정말 나는 어려서부터 준비된 검사였던 걸까?'

'운명으로 타고난 것일까?'

중학교 시절의 나

중학교에 입학 하고 보니, 5~6킬로미터 거리였다. 걸어가려면 꽤 먼 거리, 아버지는 자전거를 사주셨다. 학교는 북쪽 산 아래쪽에 붙어 있었다. 자전거로는 산을 빙 둘러 가야하기 때문에 40분 쯤 걸렸다. 구불구불 비탈진 길을 3년이나 오르락내리락 하다 보니 지금도 자전거는 기술적으로 타고 다닌다. 학교는 멀었지만, 길은 구부정하고 위험했지만 지각을 하거나 결석은 한 적은 없었다. 제대로 된 우비가 어디 있어. 비가 오면 비를 맞고 달리는 거지. 그땐 그게 힘든 건 줄도 몰랐으니까. 학교는 마냥 재미있었고 마냥 즐거웠다.

중학교 시절엔 회장을 했다.

당시 체계가 두 개였다. 반장은 학급을 회장은 회의를 주도했다. 나는 회장으로 회의를 주도하는 담당이었다. 학교에 들어가 맡게 된 회장을 졸업할 때까지 이어간 이유는, 초등학교 때처럼 손을 번쩍

들고 자신 있게 나섰던 때문이었다.

"제가 하겠습니다!"

"제가 해보겠습니다!"

한자를 익히며 공부의 습관을 만들고 공부의 습관을 만들어 성적이 오르자 모든 면에서 자신감이 넘쳤다. 그 여파가 중학교까지 이어진 거다. 한데 웬걸? 아이들은 좀 마뜩찮아 했다. 같은 초등학교 출신 친구가 반장이 미리 된 상황, 나는 회장을 하려고 손을 들었으니, 같은 학교 출신만 한다고 생각한 거다. 네 군데 학교가 모여든 중학교에서 반장과 회장이 한 학교 출신들이니 좋아했을 리가, 하지만, 나는 보기 좋게 아이들의 견제를 물리쳤다. 그때도 지금도 공부를 잘하면 누구도 뭐라고 못했다. 소위 딴지를 걸지 못했다.

처음 시험 성적은 전교 2등, 아이들이 인정하지 않을 수가 없었다. 살짝 어깨가 으쓱 했다. 그때, 나는 괜히 소리치는 것보다 실천해 보이는 게 중요하다는 걸 깨달았다. 공부를 더 열심히 하려고 한 건, 우리 반에서 전교 1등도 나왔기 때문이었다. 선의의 경쟁자가 생긴 거다. 그도 이기고 싶었지만, 1등의 공력이 만만치는 않았다. 나는 진행을 잘했다. 무슨 말만 하면, 요즘 말로 소위 빵 터지곤 했다. 그때의 위트와 순발력이 지금까지 이어져 왔다. 많은 사람들 앞에 서서 이야기를 전하기에 두려움이 없도록 만들어진 거다. 이미 중학교에서 3년간 회장을 하며 만들어진 나름의 노하우다. 검사가 된 이후에도 말솜씨는 제법 괜찮았나 보다.

"검사님은 안 떨리세요?"

"떨긴 왜 떨어, 겨우 그쯤으로 떨면 검사를 어찌 해?"

나이를 먹고 검사가 되고난 이후 많은 강의를 하는 동안 나는 소위 '쫀 적이 없다!' 그래서 농담처럼 웃으며자주 하는 말이 있다.

"나는 정말 준비된 검사였나 봐."

검사는 수많은 범죄자와 마주한다. 생각지 못한 말을 들어야 하고 돌발 상황에 대처해야 한다. 상황 따라 심장이 제멋대로 요동친다면 일을 그르친다. 검사는 언제 어느 때고 심장 박동 수가 일정한 게 좋다. 그래야 평정심이 유지된다. 평정심이 유지 되어야 말이 술술 나온다.

'어디 해볼 테면 해봐. 내 심장은 강심장이니까.'

처음 본 넓은 세상

중학교에서도 공부를 잘했다. 웃긴 이야기지만 집과 학교, 어쩌다 동네 한 바퀴를 도는 게 대부분의 일상이었다. 그러니 더 넓은 세상을 본 적이 없었다. 하늘에 흘러가는 건 구름이요. 길바닥에 흔한 건 돌멩이, 그게 내가 아는 세상이었다. 물이 고인 건 논, 물이 없는 건 밭, 논과 밭 산이 둘러싸인 마을, 그게 내가 아는 사람 사는 곳의 그림이었다.

큰 도시는 텔레비전에서나 보는 딴 세상이었다. 혹시라도 그건 거짓말일지도 모른다는 생각도 했었다. 늘 다람쥐 쳇바퀴 돌 듯, 시골에서 태어나고 자라 늘 같은 곳을 맴 돌았을 뿐이었으니. 그나마 중학교에 가며 집에서 멀리 다녔고 고등학교에 가며 읍내라도 나갈 수 있었다.

광주, 말로만 듣던 광주를 처음으로 가게 되었다. 식구들에게 말은 안 했지만 전날 잠을 전혀 이루지 못했다.

"광주 되게 크더라."

"나 광주 간다?"

그때 친구들은 광주에 다녀온 걸 자랑했다. 서울까지는 아니더라도 전라도에서 광주를 다녀온다는 건 쉽지 않았다. 지금처럼 교통이 편리한 것도 아니었으니.

공부를 잘했던 덕이었다. 한자를 익히며 책을 가까이 하다 보니 공부가 어느새 습관이 되어 있었다. 특히 수학 과목은 늘 정상을 달렸다. 당시 광주에서 수학경시대회가 열렸고 학교 대표로 선발 되었다.

누군가에게 중학생이 되어서야 고속버스를 타보았다고 하니, 믿지 않았다. 하기야 태어나며 스마트폰을 가장 먼저 손에 쥐는 시대가 되었는데, 그 말이 믿어질 리가.

버스에 오르는 순간 충격을 받았다. 우선 버스가 너무 멋져 보였다. 이렇게 멋진 버스가 있다니, 대통령도 아닌데 이런 버스를 그냥 타도되는 건지 헷갈렸다. 그리고 더 놀란 건 버스가 출발했을 때였다. 당연하게도 이리저리 흔들릴 줄로만 알았던 내게 버스가 요동 없이 질주를 하는 게 아닌가.

버스는 도로를 아무 흔들림 없이 달려갔다.

'버스가 안 흔들리네?'

'어떻게 차가 안 흔들리고 도로를 달려갈 수 있는 거지?'

늘 비포장도로에서만 버스를 타보았던 내게 아스팔트 도로를 달려가는 고속버스는 우주선보다 더 신비였다. 버스는 당연히 흔들대는 줄 알았다. 아슬아슬 달려야 옳았다. 그게 내가 알고 있는 버스였다. 살아오는 내내, 세상의 모든 차들은 도로에서 좌우로 흔들거리고 버둥대며 달리는 줄 알았다. 자기 몸을 흔들 대면서 기사들은 운전도 잘했다. 늘 기사들은 묘기를 부린다고 생각했다. 그런데 그게 아니었다. 기사들도 손님들도 전혀 몸이 흔들리지 않는 버스, 그게 가능한 일이었다. 모두 당연한 듯 앉아 있었고 나만 신기하게 사방을 훑었다.

'여긴 내가 살던 동네가 아냐'

'달라, 전부 달라. 같은 게 없어.'

내가 모르던 세상이 그리 멀지 않은 곳에 있었다.

가슴이 뛰었다. 뭔가 벅차올랐는데, 뭔지 알 수 없었다. 머리가 뜨거워지고 심장도 뜨거워졌다. 모르던 세상, 모르던 세계를 만난다는 건 알 수 없는 신비였다. 나는 달나라에 도착한 우주인과 같았다.

'뭘까. 이 알 수 없는 기분은.'

다시 봐도 버스도 여간 고급스러운 게 아니었다. 흙먼지 가득 묻은 시골 버스와는 차원이 다른 차, 이런 차가 전국을 누비고 다닐 테고 수많은 사람들이 이용할 테지, 하는 생각이 들었다. 내가 생각하는 전부가 세상의 전부가 절대 아니라고 판단할 때쯤, 고속버스가 광주에 도착했다.

어쩌다 광주를 다녀온 친구들은 동물원이라는 곳에서 동물구경도 했다며 자랑을 늘어놓곤 했다. 텔레비전에나 나오는 동물을 직접 눈을 봤노라고 했다. 죄다 거짓말 같았는데, 아니라도 제법 허풍이 붙었으려니 했는데, 그게 아니었다. 태어나 처음 본 동물원은 버스만큼이나 아스팔트 도로만큼이나 신기했다.

학교대표로 수학경시대회에 나간 건 맞지만, 모든 곳에서 잘하는 사람들만 모여 그런지 상을 타지는 못했다. 하지만 그보다 훨씬 큰 값어치를 받을 수 있었다. 처음 올라선 버스에서부터 나는 이미 큰 선물을 받은 셈이었다.

'내가 모르는 세상이 있어.'

'내가 꿈을 펼칠 큰 세상이 무궁무진해.'

'나는 우물 안 개구리로 살았던 거다.'

나의 꿈은 커졌다. 공부를 더 열심히 해야겠다고 생각한 것도 그 때문이었다. 그래야만 꿈이 이루어질 수 있기에.

'더 넓은 세상으로 나가기 위해'

'더 큰 사람이 되기 위해.'

'나를 세상이 필요로 하는 사람으로 만들기 위해.'

목표가 생긴 덕일까, 공부에 더 매진했다. 당시엔 순천시에 소재한 고등학교에 입학하면 큰 자랑으로 여겼다. 지금처럼 편리한 시스템이 없던 때라서 고등학교 합격자 발표가 라디오를 통해 전달되었다. 내가 다니던 중학교에서 일곱 명 정도가 순천고등학교에 합격했다. 교장선생님이 순천고등학교에 합격한 걸 기뻐하며 돼지를 잡아 잔치까지 벌였으니, 당시 순천고 합격이 얼마나 힘든 일이었는지를 짐작케 한다. 그렇게 고등학교에 들어가게 되었다.

인내의 시간들

중학교 시절, 성적이 잘 나왔으니 안도했던 걸까. 어쩌면 중학교에서 내로라하는 친구들이 모였으니 당연할 수도 있지만, 성적 순위로만 보던 순간 절망에 빠지고 말았다.

'470등?'

상상도 하지 않던 성적이 나온 거다. 내가 47등도 아니고 470등이라니, 꿈에서 꿈을 꿔도 불가능한 성적이었다. 이 성적을 그대로 갖고 간다면 대학은 물 건너간 일이나 다름없었다. 정신을 차려야만 했다.

공부에 더욱 박차를 가하기로 한다. 지역의 한 학교에서도 성적이 이정도면 대학은 꿈에서 꿈을 꿔도 불가능한 일이었다. 부모님을 생각해서도 또 많은 것을 양보한 누이를 생각해서도 그러면 안 되었다.

그때까지 나는 우물 안에 갇혀 살았다. 고등학교를 순천에서 다니면서도, 순천이 바닷가에 자리한 걸 몰랐으니까. 바닷가로 나갈 일이 없었다. 놀러 다닐 여유가 없었다. 공부에 늘 매진 또 매진했기 때문이었다.

다른 친구들을 따라잡기 위해 엄청난 노력을 기울였다. 초등학교 때 천자문을 외우던 습관을 들여 그런지 앉아서 책을 보며 일어나지 않았다. 어떻게 해서라도 앞서는 친구들을 추월해야 한다고 생각했다.

하지만, 쉬운 일은 아니었다. 곳곳에서 모여든 고등학교 친구들은 만만한 상대가 아니었다. 수학은 앞서 경시대회도 나갈 만큼이었지만, 총 성적에서 나를 앞지른 친구들이 많았다. 3년으로는 쉽지 않았다. 하지만, 포기하지 않았다. 포기란 없었다. 나는 반드시 해내야 할 이유가 있었다.

'광주가 아닌 훨씬 더 넓은 세상으로 반드시 나가야 하니까'

무엇이든 작정한대로만 되면 얼마나 좋으랴, 얼마큼 친구들을 따라잡을 수 있다고 여길 때 쯤, 벌써 3학년이 마무리 되어 졸업이 코앞이었다.

대학에 떨어지던 날

결국, 쓴맛을 맛보아야만 했다.

대학 실패! 애석히도 대학이라는 관문을 쉬이 통과하지 못했다. 세상이 넓어 꿈을 크게 가졌지만, 질주하는 데에는 걸림돌이 생겼다.

가슴이 터질 듯 아프고 속상했다. 하는 수 없이 나는 재수를 택했다. 지금까지 애써 공부한 게 아까워 서라도 포기는 할 수 없었다. 체계를 갖춘 공부가 필요하다고 판단했다. 더는 지방에 머물 수 없어 서울의 고모 집으로 거처를 옮겼다.

서울이라는 동네는, 광주와는 역시 비교도 안 되었다. 하지만, 모두가 잘 살 거라는 기대는 어긋났다. 서울 하월곡동의 판자촌, 다닥다닥 붙어 있는 아슬아슬한 빈민촌에 고모의 집이 있었다. 한눈에 봐도 허술한 집, 가난이 고스란히 드러나는 집, 고모 집은 형편이 넉넉지 않았다. 비단 고모 집만 그런 게 아니었다. 다닥다닥 붙은 달동네의 집들은 보기만 해도 숨이 턱 막혔다. 그렇게 지으라고 해도 불가능할 것 같은 집들이, 서로의 어깨를 부둥켜안은 채 거친 땅을 붙들고 있었다.

"휴우..."

보기만 해도 절로 한숨이 터져 나왔다. 시골은 답답하지는 않았는데, 웬걸, 서울은 곳곳이 더 답답했다. 빈부의 차이가 극심한 도시가 서울이었다. 얼마큼 걸어 나오면, 시골에서는 상상도 못할 부자들이 살고 있었지만, 뒤돌아 몇 걸음 하면 시골에서조차 허를 찰만큼 가난한 사람들이 넘쳤다.

그런 곳에서 살 바엔 시골에 와서 농사를 지을 것이지, 하는 생각이 들기도 했지만, 어디 농사일이 만만한가 말이다. 아버지가 농사 짓는 걸 내내 보고 살았으니, 땅 한 평 없이 시골로 가서 어찌 농사를 지을 수 있으랴, 그러니 그도 답은 될 수가 없었다.

서울은 내게 희망과 허망을 함께 주는 기묘한 도시였다. 하지만 허망을 마음에 품을 이유는 없었다. 희망을 품고 살아도 부족할 판에, 마음을 단단히 먹었다. 쓰러지면 절대 일어나지 못한다고, 작정을 반복했다.

핏줄이 뭐기에

    작고 초라한 방 두 칸, 고모집의 형편은 매우 어려웠다. 두 방을 연결하는 문도 미닫이로 달려 허술하기 짝이 없었다. 말이 두 칸 방이지 하나의 방에 칸막이만 설치한 거나 다름없었다. 하지만 다른 방도가 없었다. 그 형편에도 조카라고 받아준 고모가 그저 고마울 따름이었다. 그러니 더 공부를 열심히 해야 했다. 나를 도와준 모든 분들을 위해서라도 반드시 대학에 가야만 했다. 그렇지 않으면 나는 모두에게 실망을 안겨주게 될 테니. 은혜를 갚은 방법은 일단 대학을 들어가는 거였다.

    좁은 고모 집엔 무려 여섯 명이나 함께 살았다. 고모와 사촌 누나와 형님, 그리고 동생 거기에 우리 형도 끼어 있었다. 말이 서울이지, 시골보다 생활은 몇 배로 불편하고 힘들었다. 하지만 티를 낼 수는 없었다. 불편하기로 말하면 고모 가족이 몇 배는 더 했을 테지, 난데

없이 조카 둘을 형편도 어려운 상황에 맞이했으니, 그 마음 역시, 감히 헤아릴 수가 없었다.

고모의 집 상황이 아무래도 열악하다보니, 집안에서 공부를 한다는 건 거의 불가능했다. 밖에 나와 주로 독서실을 이용했다. 공부, 오로지 공부밖엔 생각하지 않았다.

나의 운명을 바꿔 줄 수 있는 건, 그로 가족을 편하게 할 수 있는 건 공부뿐이었다. 아침이 따로 없었고 밤도 따로 없었다. 눈을 뜨면 책부터 펼쳤고 눈을 감는 순간까지도 책을 손에서 놓지 않았다.

사실 그때까지 서울이면 모든 게 편할 줄 알았다. 서울이라는 큰 동네는 모든 게 수월 할 줄 알았다. 그런데 그게 아니었다. 시골은 땅이라도 넉넉하니 화장실이라도 편했는데, 서울이라는 동네의 화장실은 허리를 굽히고 들어가야 하는 구조였다. 한참 나이인데도 화장실에 다녀오면 허리가 뻐근했다.

시골보다도 못한 화장실, 고모 집은 가난한 사람들이 모여 사는 달동네였다. 말로만 듣던 달동네를, 내가 태어난 시골이 아닌 서울에서 보게 될 줄이야, 서울이라는 동네가 달과 더 가깝다는 사실이 그저 놀라울 따름이었다.

'서울이라고 다 잘사는 게 아니었어.'
'어쩌면 더 가난한 사람들이 많은 곳인 것 같아.'
그뿐일까. 겨울이면 경사진 언덕이 또 말썽이었다. 워낙 가파르다

보니 미끄러지는 건 다반사였다. 무허가로 지어놓은 집들은 다닥다닥 붙어 온갖 위험을 안은 채 도시를 가까스로 붙들고 서 있었다. 어쩌면 그래서 더 공부를 열심히 해야 한다고 생각한 건지도 모른다. 공부를 해야만 가난에서 벗어날 수 있고 사회적으로 인정도 받을 수 있다고 생각했으니까.

달동네는 사는 게 힘이 들긴 하지만, 대신 동네이름처럼 달이 가까워좋았다. 그리고 고모가 어머니처럼 돌봐주었으니, 그로 되었다.

'휴우... 고모, 고맙습니다.'

하지만 환경을 탓하기 전에, 힘든 걸 감수하고 조카들을 불러준 고모가 고마웠다. 아마 그런 환경으로 오라하기도 쉽지 않았을 텐데, 핏줄이 대체 뭐기에.

주변 환경은 그야말로 열악했다. 대학교에 다니는 자녀를 두고 있는 집은 거의 없었다. 대학을 보낸다는 꿈을 꾼다는 것 자체가 거의 불가능했다. 그렇다보니 대학을 가려고 재수를 한다는 나를 부럽게 쳐다보는 사람이 많았다.

이후 그 시선에 비웃음을 사고 싶지 않았다. 그럼 안 되었다. 한 번 실패한 경험은 도움이 되었다. 대학을 떨어지고 느꼈던 좌절감. 다시 경험하는 건 너무도 끔찍했다. 그래서 이를 악물고 공부에 매진했다. 내가 살 길은 오로지 공부뿐이었다. 큰집 조카가 나보다 두 살 아래다. 당시 그는 서울대를 들어가 그곳에서 생활했고 나는 재수를 해서 중앙대에 합격했다. 그러니 그쪽 일대가 난리가 날밖에, 한 명도 아니고 두 명이나 번듯한 대학교에 들어갔으니.

법을 공부하리라

　본래 행정학과를 가려고 했다. 그런데 공부를 열심히 한 덕으로 점수가 많이 올랐다. 하지만, 내신 관리를 잘못하였다. 무려 10등급, 당시 15등급까지 있었으니 아주 안 좋은 경우의 수였다. 당시 점수별 차이가 무려 2점이었다.

　내신이 떨어지다 보니 학력고사에서 그만큼 감점이 될 밖에, 10등급 이다보니 무려 20점 가까운 차이가 났다. 도저히 경쟁이 될 수가 없었다. 어쩌나 하던 때 성균관대학을 다니던 친구가 찾아왔다. 생각지 않았던 걸 내게 제안해왔다.

　"야, 성식아. 너 법학과에 갈 생각은 없냐? 법학과 어때?"

　"법학과? 내가?"

　"그래, 법학과 괜찮아. 법학과도 행정고시 합격한 친구들이 많아."

　"정말이야?"

친구 말대로라면 굳이 행정학과만 고집할 필요가 없었다. 일리 있는 말이었다. 당시 행정학과는 숫자가 매우 적었다. 커트라인이 확 올라갈 수 있었다. 그에 반해 법학과는 변수가 적었다. 친구의 권유에 결국, 법학과로 진로가 결정되었다.

1984년 재수생활을 하고, 다음해인 1985년 중앙대 법학과에 합격했다. 모진 인내가 꽃을 피우고 열매를 맺는 순간이었다. 당시 지방에서 서울에 있는 대학에 합격했다고 하면 온 동네가 떠들썩했다.

대학에 합격했다고 하자 온 가족이 모두 기뻐했다. 서울에 있는 대학에 들어가는 건 하늘에서 별을 따오는 것만큼이나 힘든 일인데, 그걸 해냈다며 고향 사람들이 모두 부러워했다. 고등학교 시절 선생님과 친구들도 모두 축하를 해주었다. 그렇게 대학생이 되었다.

중앙대학교에 입학했던 때, 총학생회가 부활했다. 때는 그야말로 학생운동이 활발했다. 밖으로 나가면 최루탄 냄새가 온 도시에 가득했다. 곳곳 시위가 벌어졌고 다치는 사람이 속출했다. 세상은 혼란했다.

목이 터져라 외치는 청년들. 그들을 잡아들이려는 사람들로 세상은 늘 혼잡했다. 최루탄에 맞아 수십 군데 상처를 입은 친구도 있었고 무릎이 골절된 친구까지 있었다.

홀로 서야하는 세상에서

희한하지, 그때도 지금도 나라는 늘 시끄러웠다. 이보다 더 신기한 일이 또 있을까. 평온하면 좀 어때서, 서로 아끼고 사랑하면 뭐가 어때서, 왜 국가라는 이름은, 늘 이렇게 시끄럽게 굴어서 국민들을 힘들게 하는 걸까.

국민들끼리 싸움질이 시작된 건 분명 아닐 테고, 그때도 지금도 문제는 권력을 손에 쥔 자들일 테지. 내 말 안 들으면 가만 안 둬!

학군단 체제에서 총학이 1985년도에 처음 출범했다. 그리고 총학이 처음 만들어졌다. 그때 학생 운동이 불붙기 시작했다. 곳곳 민주화를 외치는 젊은 소리가 울려 나가기 시작했다.

그때, 국가는 참으로 시끄러웠다. 민주화를 외치는 젊은 목소리 때문이 아니라 민주화를 파괴하는 악의 세력 때문이었다.

"성식아. 나가자."

"지금?"

친구가 나를 불렀다. 총학의 언더 서클에 있던 친구였다. 처음엔 그런 곳인 줄 몰랐다. 어쩌다 보니 내가 데모장소의 한 가운데에 서 있었다. 내 몸은 떨렸다. 소리치며 돌을 던지는 친구들을 보면서도 선뜻 용기가 안 났다.

"나는 못 던지겠어."

"그럴 수가 없어."

돌멩이를 모두 던지는데, 용기가 안 났다. 겁이 전혀 안 났다면 거짓말이겠지만, 그 때문만은 아니었다. 형, 형 때문이었다. 당시 형이 전투경찰(원래는 후방에서 대간첩작전 수행을 수행하기 위해 차출된 작전전투경찰순경인데, 군사정권하에 주로 시위진압에 투입되면서 민주화를 탄압하는 공공의 적으로 인식되기도 하였다. 전투경찰은 2012년 1월 폐지되었다.)이었다. 내가 돌멩이를 던진다 해도 형이 맞는 것도 아닌데, 그런데도 던질 수가 없었다. 마치 형이 서 있다 누군가에게 돌을 맞는 상상이 들었다. 어쩌면 그런 핑계가 돌멩이를 잡고서도 던지지 못하는 스스로를 합리한 건지도 모른다.

"성식아, 피해"

그런 와중에 최루탄을 맞았다. 부상을 입은 채로 수업을 들었는데 피가 묻어 나왔다. 화장실로 달려가 옷을 벗고 보니 상처가 컸다. 의무실로 가보니 친구는 골절이 되어 있었다. 골절된 친구를 보니 내

몸에 흐르는 핏물 따윈 아무것도 아니었다.

　그때, 나는 일 학년이었다.

　나뿐 아니라 모두가 고민이 컸다. 선배들의 손에 이끌려 친구들의 손에 이끌려 나가는 경우가 많았으니까. 나 역시 고민이 없던 건 아니었다. 처음 마주한 세상이 비극이었으니. 손에 이끌려서라기보다, 내 기질이 그러하다는 걸 깨닫는 데 오래 안 걸렸다. 당시 군부가 정권을 휘어잡고 있었다.

　'저건 정상이 아니다.'

　'부조리를 척결 해야만 한다.'

　'그래야 세상이 조용해진다.'

　나는 판단했고 숨지 않았다. 숨어선 안 되었다. 끌려간 게 아니라 갈구했던 게 겉으로 터져 나왔다. 뭔가를 이루려면 빠져 나가야 했고 갈등이 극으로 치달았다.

　고민이 커져갔다. 운동권은 계속 운동만 해야 하고 밖에서만 뛰어야 하는 건가, 싶었다. 어떤 분야이건 의식을 가진 사람이 필요했다. 외려 그게 더 필요한 건지도 모른다고 판단했다. 그런 판단을 가진 사람들이, 그런 생각을 가진 누군가가 사회를 바꾸려 한다면 더 수월 할 수 있다고 생각했다.

　'그렇다면 내가 해당 분야에 뛰어들어 한번 앞장 서보자.'

　'진보냐 보수냐 그건 중요한 게 아니다.'

　'원칙과 양심에 따라 정의롭게 행동하는 것이 가장 첫 원칙이다.'

불의와는 절대 타협하지 않는 걸 처음 원칙으로 삼았다. 하지만, 방법에서 서로 헷갈리는 부분이 존재했다. 나와 모든 이들의 생각이 같을 수는 없는 노릇이었기에.

추앙받았던 선조들을 볼 필요가 있다. 역사에서 백성들로부터 추앙을 받은 사람들은 모두 원리 원칙을 기본으로 삼았다. 자신보다 백성을 위해 몸을 바친 이들이라서 가능한 일이었다.

나 역시 그 역할을 감히 해내고 싶다는 생각을 했다. 하지만, 그런 결단으로 인해 외려 선배들로부터 욕을 먹어야만 했다. 나의 마음을 살필 필요 없이, 그저 개인의 영화를 위해 집단을 배신하려든다는 소리를 뼈아프게 들어야만 했으니까.

그때, 힘들지 않았다면 거짓말이다. 솔직히 무척 힘들었다.

1학년을 마치고 군에 들어갔다. 고향 순천의 매곡동에 있는 연대 본부였다. 이후 다시 복학해 공부를 이어갔다. 전공과목을 이수하며 사법고시에 관해 알아보기 시작했다. 법을 공부하며 새로운 목표가 생겼기 때문이었다.

나의 운명론, 검사!

누구네 자식이 사법시험에 합격했다더라 하는 소리는 신문에서나 보던 소리였다. 산으로 둘러싸인 동네에서 태어나 자란 내가, 서울에 있는 대학에 들어오게 되고, 법을 공부하게 된 건 어쩌면 운명일지도 모른다고 생각했다.

주어진 운명이라면, 제대로 칼을 갈아보고 싶었다. 기왕 칼을 뽑아 들었으니, 그 어떤 것이라도 반드시 베어야 옳았다.

그렇게 사법시험 준비가 시작되었다. 초등학교 때에도 중학교 때에도 심지어 고등학교 때에도 내가 사법시험을 준비하는 사람이 될 거라는 생각은 해본 적이 없었다. 그건 아무나 하는 일도 아닐뿐더러 결코 만만한 시험이 아니라는 건 누구나 아는 사실이었다. 공부를 잘 한다고 해서 쉽게 권고해서도 안 되는 시험, 그게 바로 사법 시험이었다.

어렸을 적 누군가 사법시험에 수년을 도전하다 결국 포기했다는 말을 들은 기억이 있었다. 또 대학에 와서도 선배들의 실패를 수없이 보았다. 그러니 걱정이 없었다면 거짓말이었다. 하지만 그렇다고 시작도 안 해보고 지레 겁을 먹을 나 신성식이 아니었다. 일단 칼은 뽑아들지 않았는가. 어디로든 휘둘러야 했다. 나는 칼을 높이 들었다.

'될 대로 되라는 소리는 안 한다. 난 진짜로 될 거니까'

때는 대학 4학년, 본격적으로 고시공부에 박차를 가했다. 하지만 만만한 일이 어디 있으랴. 쉬지 않고 이어진 공부는 만만치 않았다. 하지만 작정한대로 칼을 뽑아 추켜 올린 이상 무엇이라도 베어야했다. 아무것도 하지 않고 칼집에 다시 집어넣을 수는 없었다.

비단, 자존심 때문만이 아니었다. 세상엔 억울한 사람도 많았고, 악이 선을 지배해 억울한 사람이 생기기도 했으니까. 내가 스스로 법의 범위 속으로 들어간다면, 해결 할 수 있는 일이 참으로 많았다. 호랑이를 잡고 싶어졌다. 그래서 내 발로 찾아 들어간 거다. 호랑이가 없으면 다른 날짐승이라도 굴속에 숨어 있겠지, 나는 재수를 할 때보다 더 모진 각오를 하고 그렇게 동굴 속으로 걸음을 내디뎠다.

하지만, 역시 만만한 일이 아니었다. 그러니 누구네 아들이 사법고시에 합격했다고 하면 온 사방에 현수막에 붙었던 게지, 누구나 쉽게 되는 일이라면 뭐 그리 떠들썩했으려고, 세상의 모든 일은 그 어느 것도 만만치 않다는 걸 깨달았다.

그래도 동굴 속으로 발을 들여 놓은 이상, 뒤돌아 나갈 생각은 없었다. 한참 들어와 돌아보니 어차피 입구도 멀러 있었다. 들어온 발걸음이 아까워 서라도 더 깊이, 더 멀리 들어가야만 했다. 돌아갈 생각 따윈 하지 않았다. 이제 포기하는 게 어쩌면 더 힘들다고 판단했다. 호랑이는 어디 있는 걸까? 나는 두 주먹을 불끈 쥐었다.

'이빨 들춰내고 나와 보렴, 난 겁 하나도 안 나니까!'

하지만 그때, 나는 호랑이를 잡지 못했다. 호기롭게 굴속으로 들어갔지만, 창을 목표지점에 맞히지는 못했다.

1992년 사법고시 1차에 합격했다. 그리고 그 바로 다음 해인 1993년 2차 시험을 치렀다. 하지만, 준비가 미흡했던 걸까. 나름대로 자신한 게 문제 였던 것일까. 결국, 패배의 쓴잔을 마셨다.

하지만 포기하지 않았다. 시작하면 좀체 포기를 모르는 사람이 나 신성식이었다. 그리 쉽게 포기할 일이라면 아마 시작도 안 했으리라.

1994년, 나는 다시 이를 갈았다. 다시 1차에 합격했다. 하지만 여전히 2차와 3차 시험이 남아있었다. 나는 해냈다. 그 이듬해인 1995년 2차와 3차를 모두 합격하여 최종합격했다.

꿈은 이루어졌다. 더 넓은 세상에 발을 내디디리라 작정한 소년의 꿈이다. 사법시험이 인생목록에 있었는가, 아닌가는 중요치 않다. 세상에 굴하지 않고 더 넓은 세상에서 야망을 펼쳐보겠다는 꿈이 수월해진 거다.

꿈꾸는 자에게만 주어지는 당연한 대가, 사법고시에 합격해 법의 울타리 속으로 안착했다. 이제 진짜 뭔가를 해야 했다.

고시에 합격하고 나자 법학과 선택을 권했던 성균관대 친구가 너스레를 떨었다.

"다 내 덕인 줄 알아. 그때 내가 법대가라고 한 덕이다 너."

맞다. 절대 아니라고 부인할 수는 없다. 친구 덕도 맞고 내 덕도 맞다. 하지만 무엇보다 가족들의 덕이 가장 크다.

셋째 장.

검사 신성식

검사 내전

1995년 하반기 중앙대 고시반인 승당관에서 조교로 일했다. 시험을 준비 중인 후배들을 지도하고 1996년 사법연수원에 입소해 일을 이어갔다. 그때, 후배들에게 제법 인기가 좋았다. 편한 말투가 후배들에게 통한 것이라 생각한다.

그 즈음 만난 사람이 아내였다. 우리는 뜨겁게 사랑했고, 사랑을 이유삼아 곧바로 결혼했다. 세상에서 나 자신보다 나를 더 사랑해주는 사람이 생겼다는 게 행복했다. 내가 내 자신보다 더 사랑하는 사람이 생겼다는 것 역시 뿌듯했다.

결혼 후, 사법연수원을 수료했다. 국제변호사의 꿈을 이루기 위해 국제특허분야를 키우려는 중소로펌에 입사했다. 이후 6개월 정도 변호사 생활을 이어갔지만, 국제특허 분야에 대한 미래가 보이지 않았다. 하는 수없이 로펌을 그만두고 법률구조공단에 입사했다.

그곳은 기초생활 수급자나 농민, 어민 등을 상대로 한 법률구조기관이었다. 농민들을 마주하면 아버지 생각이 떠올랐다. 그래서 어떤 일이든 최선을 다해 업무에 임했다.

2001년이 되었을 때 검사로 임관했다. 발령받은 곳은 울산지검이었다.

당시 소년전담이었다. 그때도 학교폭력은 큰 문제였다. 학교폭력 조직원의 폭행사건을 배당받았다.

'일진 조직을 완전히 해체할 것.'

'모두 흩어져 다시는 뭉치지 못하게 만들어 놓을 것'

그건 일방적인 부장님의 지시였다. 말 그대로 해체시키면 그만일 수 있었다. 말 그대로 일망타진 시키면 한 방에 해결될 일일 런지도. 부장님의 지시가 떨어졌고 나는 고민에 빠졌다. 고민 끝에 조직원 여섯 명에게 독서토론회를 제안했다. 그리고 몇 달간 매주 한 번씩 독서토론회를 열었다. 청소년의 정서를 함양할 목적이었는데 효과가 나타났다. 처음엔 아이들이 책을 보려고 하지 않았다. 하지만 권고를 받아들이는 아이들이 늘어갔다. 차츰 독서량이 늘면서 아이들은 따뜻한 이야기에 감정을 느끼기 시작했다. 독서의 효과가 나타난 거다. 아이들에겐 아직 기회가 남아 있다고 판단했다. 그 판단이 틀리지 않아 뿌듯했다.

꿈과 희망을 주는 일, 아직 기회를 줄 수 있었다. 그렇게 애쓰자,

일진 조직 와해라는 결과가 나타났다. 당시 화제가 되어 동아일보 칼럼에 이 내용이 실리기도 했다.

순천으로 가는 길

　희한하지, 아들이 아내의 배속에 있을 때 고향 순천으로 발령받았다. 나처럼 아들의 출생지가 순천이 될 거라고는 생각지도 못한 일이었다. 그도 운명이었을까? 당장 내일 무슨 일이 벌어질지 알 수 없는 게 인생이었다.

　기억을 잡아 보면 공부만 매진했고 3년 정도 뿐이라서 크게 정이 일었던 곳은 아니었다. 어쩌면 공부에만 매진하다보니, 좋은 기억보다 힘든 기억이 더 가득했었는지도 모른다. 그래서 무엇이 좋은지, 어디가 멋진지 생각도 안했다. 그런데 2년쯤 근무를 하다 보니 순천이라는 곳의 매력이 보이기 시작했다.

　'순천이 이렇게 많은 에너지를 가진 곳이었다니.'

　지나며 보이는 곳이 모두 보물 같았다. 전에는 몰랐는데 이렇게 맑은 공기를 가진 동네였다니, 숨만 쉬어도 만족이었다. 맑은 공기가 폐로 들어오면 머리까지 맑아졌다. 순천은 아름답고 훌륭한 도시였다.

공부만 할 때는 다른 것을 품을 수 없었다. 나이도 어렸고 다른 생각을 할 상황도 안 되었다. 그런데 순천에 와서 사람들을 만나며 보니 또 그게 아니었다.

사람들은 여전히 순박했다. 세월이 흘렀으니, 오래전 순천보다는 훨씬 큰 도시가 되어 있었다. 겉모습은 많이 변했는데 사람들의 마음은 전혀 변하지 않아 놀라웠다. 순천고등학교를 졸업했다는 사실만으로도 나를 반겼고 친절했다. 음식은 또 어찌나 맛 나는지, 타지 사람들이 왜 전라도 음식을 강력 추천하는지, 이전에는 왜 이 맛을 몰랐던 건지, 나는 차츰 순천에 매료되어갔다. 아니 순천의 시민들에게 매료 되어 갔다. 닮고 싶은 사람이 생겼고 나 역시 누군가에게 닮고 싶은 사람이 되어야겠다고 생각했다.

고등학교 다닐 때에는 안 보이던 산과 강, 그리고 바다, 모두가 그림 같았다. 그토록 수려한 모습을 갖고 있었다는 걸 알지 못했다. 강이려니 물이 흐를 테고 산이려니 나무가 울창할 테지, 그런데 나이를 먹고 보니 모든 게 달라져 있었다. 아니 애초 그러한 걸 그제야 발견한 게 맞을 테다.

'순천, 순천에 정이 들어 버린 걸.'

'순천, 순천을 더 살기 좋은 곳으로 만들고 싶은 걸.'

대학에 합격 했을 때 그리고 사법시험에 합격했을 때 가졌던 감정이 솟아올랐다. 가슴 벅찬 모를 감정과 열정, 순천은 단순히 직장이 있는 곳이 아니었다.

결국 사람, 사람이었다

"감사합니다 검사님."

"제가 더 감사하죠."

순천에 근무하면서 내가 깨달은 것은, 결국 사람, 사람이라는 사실이었다. 모든 것은 사람으로 시작되고 사람으로 이뤄지며 사람으로 완성된다는 거였다.

시민들을 내 가족이라 생각하고 대했다. 그러자 모든 분들이 나를 역시 가족처럼 대해주었다. 검찰이라고 하면, 일단 딱딱한 사람으로 여겼다. 거기에 거만하다는 포장도 서슴지 않았다. 그게 검사에 대한 이미지였다. 해서 나는 이 허물을 벗고자 노력했다. 벽이 없고 허물없는 검사라는 소리를 듣고 싶었다. 누구나 편히 다가올 수 있는 검사가 되고 싶었다.

겸손한 태도만이 딱딱한 이미지를 벗겨내는 역할을 해낼 수 있었다. 당연한 건데, 실천하지 않아 내내 벗어지지 않았다는 걸 깨달았다. 늘 고개를 숙였다. 시민이 있기에 내가 존재한다고 생각했다.

검찰은 시민을 위한 조직이라는 걸 보여주려고 부단히 노력했다.

순천 근무 당시 일화를 하나 소개한다.

당시 조직폭력원이 폭력 공갈 등의 혐의로 구속된 사건이 있었다.

"억울합니다. 제가 조직원이라고 해서 이러시는 겁니까?"

그들은 내내 자신들이 억울하다며 하소연했다.

"맞습니다. 조직폭력에서 일한 건 맞지만, 그렇다고 우리가 하는 모든 말을 믿어주지 않으니 진짜 속상합니다."

그들은 계속 억울함을 호소했다. 평소 행실로 모든 걸 판단하는 건 오류가 있을 수 있다고 판단했다. 모든 게 진짜가 아닐는지 모르지만, 억울함의 호소엔 진심이 엿보였다. 그래서 재수사를 했다.

'그들은 억울해. 맞아. 진짜 억울했던 거야.'

어설피 엿본 그들의 억울함은, 진짜였다. 검사로써 느꼈던 판단이 잘 못되지 않았음을 깨달았다. 다시 한 번 검토를 거친 게 중요했다. 그 후 구속되었던 폭력조직을 석방했다. 반대로 고소했던 사람들을 무고죄로 입건했다.

하나만 보고 모든 걸 평가해서는 안 되는 일, 검사의 기본이었다. 둘, 셋을 보더라도 마찬가지였다. 모든 일에는 이유와 원인이 있고 원인에는 요인이 있기 마련이다.

'검사는 과학보다 더 명확해야만하기에!'

2005년이었다. 당시 중앙지검 형사1부로 발령받았다.

형사사건을 처리하던 중, 검경언 로비스트 사건을 담당하게 되었다. 당시 워낙 언론에서 비중 있게 다뤘던 사건이라 기억하지 않는 사람이 없을 것이다,

그해 연말, 선배검사의 장기미제사건 중에서 두 건을 재배당 받게 되었다. 다름 아닌 단국대 이전 비리 사건이었다. 이 사건으로 1년 이상을 고생했다.

1993년도부터 단국대학교 이전 사업이 시작이 됐다. 96년도에 본격적으로 뭔가 진행이 되기 시작한 사업이었다. 그런데 이 이전 사업은 진행 과정에서, 관련 회사들이 모두 부도가 나는 초유의 사태가 벌어졌다. 이전 사업을 위해서 움직인 시행사인 세경진흥이란 회사가 있었다. 우선 그곳이 부도가 났다. 그리고 시공사가 극동하고 기양 건설 두 군데 있는데, 두 군데가 연이어 부도가 났다. 그 다

음으로 단국대 부지를 신탁받은 부동산 신탁회사 역시 부도가 났다.

이 과정에서 공사 자금을 만들기 위해 약속어음을 발행하고, 시공사인 양쪽 건설사의 보증을 하고 종금사들로부터 할인을 받아야 했다. 그때 공사를 진행하기로 한 시공사 두 곳 모두 부도가 났고, 할인받았던 약속어음마저 부도처리되면서 단국대 이전사업과 관련된 모든 회사가 부도가 났다. 고소 고발이 난무했다. 이전부터 수많은 회사의 채권채무가 복잡하게 얽혀 있었다.

따라서 대학이전을 완성하기 위해서는 여러 난관이 있었다. 분쟁이 끊이질 않고 있었다. 이건 내 손으로 끝내야 되겠다고 생각했다. 처음은 명예훼손과 업무방해 등 단순 사건이었다. 하지만, 사건을 해결하기 위해서는 파악해야만 하는 일이 많았다. 우선 단국대 이전사업의 실체를 파악할 필요가 있었다. 무려 10년 이상 진행되었던 단국대 이전사업 전체를 들여다보기로 했다.

"신검사, 이 사건 수사로 잘 못하면 큰일 난다."

옆에서 겁을 주기 시작했다. 내가 괜찮은 척 하는 걸 즐기고 싶어 그러는 건지, 아니면 진짜 큰 일이 나는 사안인지 헷갈렸다.

"자칫하다가 검사 옷을 벗을지도 몰라."

"……"

"그러니 잘 생각하는 게 좋을 거야."

주변에서 당시 자주 듣던 말이다. 나는 그때 대꾸하지 못했다. 자신이 없어서가 아니라, 직접 보여주리라 작정했기 때문이었다.

검사 옷을 벗어야 하다니, 잘 생각하는 게 좋을 거라니, 잔뜩 겁을 줬지만 미안하게도 하나도 겁을 먹지 않았다. 옷을 벗을 생각은 더더욱 하지 않았다. 당시 나는 5년차의 열혈 검사였다. 모든 게 끓어 오르던 때였다. 나의 결기가 그쯤의 이야기들로 무너질 리 없었다. 그쯤으로 내가 생각을 바꿀 거면 벌써 사표 썼다!

약 2년간의 수사를 이어갔다. 끊임없는 수사의 반복, 몸도 마음도 때론 지쳐갔다. 하지만 수사를 놓지 않았다. 그리고 지금의 단국대 이전이 결국, 성사되기에 이르렀다. 물론 고생은 이루 말할 수 없었다. 무모함의 대가였으나 후회하지 않았다. 때로는 무모함이 멋진 결론을 내려주기도 하니까.

기막힌 일들

　형사1부 근무 당시의 기억나는 일화다. 당시 사건은 일본 시네마
현에서 다케시마의 날을 지정하면서 시작되었다.
　"독도는 일본 땅이다."
　"독도를 한국 땅이라 주장하는 말은 틀렸다."
　대한민국 사람들이 가장 싫어하는 말 중 하나가 독도가 일본 땅이
라는 말이고, 가장 싫어하는 사람은, 그걸 주장하는 사람들이다. 그
걸 알기에 그는 더 강조했다.
　이 주장이 퍼져 나가며 우리나라 국민들의 반감을 불러일으켰다.
반일감정이 극에 달하는 건, 불을 보듯 빤한 상황이 되었다.
　그는 원희룡 장관과 비슷한 시기에 서울대에서 운동권 활동하였
던 사람이었다. 그가 언론에 인터뷰를 했는데, 독도는 일본 땅이라
고 주장한 것이다. 게다가 주장한 내용이 궁금하면 자신의 책을 구
입해 보라고 했다.

기사가 실리자 국민들은 격분하지 않을 수가 없었다.

수많은 비난의 댓글이 달렸다. 어느 누가 화가 오르지 않았으랴, 한데 그는 이를 악성 댓글이라 주장하면서, 무려 5백 명을 고소했다. 생각지도 않던 일이 발생한 거다. 당연히 국민감정은 극에 달했다. 이 사건의 처리를 맡게 되었다.

그때 갑자기 원희룡 변호사가 나섰다. 악플러를 무상으로 변호하겠다며 소위 맞불을 놓으면서 인터넷 게시판을 달궜다. 황당한 일이 아닐 수가 없다. 가만히 있으면 중간은 간다는 말의 의미를 깨달았다. 그럴 거라면 아무 소리 하지나 말 것이지.

당시 그는 경찰에도 약 500명의 악플러를 고발하였는데, 이를 병합처리 해달라고 요청했다. 형사 처분뿐만이 만아니라 악플러를 대상으로 민사소송을 제기하려 한다는 소문이 돌았다. 이는 댓글이 실명이 아닌 아이디라서 개인이 특정 안 되기에 고소를 통해 이들을 특정하려 한다는 것이다.

당시에 가장 큰 문제는, 이 500명에 대해서 인적사항은 나오지 않는다는 거였다. 아이디만 나오는 상태였다.

만약, 우리가 수사를 하게 되고, 인적사항을 확인해 달라고 보내는 순간, 특정이 된다.

한데 문제는 500명이라는 숫자를 인적사항에서 넣으면, 최소 100

페이지 가까이 된다. 그가 바라는 건, 그들을 상대로 손해배상을 청구해 돈을 벌려는 계획일 수있겠다는 생각이 들었다. 기묘하고 황당한 계획이다.

사건을 고민하지 않을 수가 없었다. 악플러들을 국민감정에 반하여 모욕이나 협박 등으로 처벌할 경우, 엄청난 비난이 쏟아질 건 자명한 사실이었다. 또한 고소인은 이런 비난이 있을 것을 빤히 알면서도 국민을 사실에 주목하였다. 따라서 이들 악플은 우리나라 정서상 국민감정에 반하지 않으므로 사회상규에 반하지 않을 뿐만 아니라, 스스로 악플을 초래한 것이라고 판단했다.

결론은 명확했다.

'악플러들의 위법성이 존재하지 않는다.'

그의 고소는 불기소처분 되었다. 물론 악플러 개개인의 인적사항을 끝까지 특정하지 않았다. 당시 독도가 우리나라 땅이라는 사실을 역사적 근거, 지정학적 근거 등 조사하여 불기소 이유에 담았다.

검사 사건일지

　임수경 씨에 대한 악플 사건을 빼 놓을 수가 없다. 이 사건 역시 매우 힘든 사건 중 하나였다.

　"임수경 씨 자녀분이 필리핀 여름 캠프를 갔는데 수영장에서 익사했답니다."

　이때 수많은 악플이 달렸고 임수경 씨는 충격을 받았다. 많은 사람이 그녀에게 위로보다는 악플다는 걸 선택했다는 사실이 놀라울 따름이었다. 임수경 씨는 너무도 큰 충격에 빠졌다. 나 역시 충격을 받았다. 결국 임수경 씨는 악플러 50여 명을 고소하기에 이르렀다. 아들의 죽음 앞에서 누군가를 고소해야 했다면, 그 마음 절대 편치 않았으리라, 그럼에도 그녀는 강행했다.

　다른 건 둘째로 두었다. 찬물인지 더운물인지 온도가 얼마였는지는 중요치 않았다. 우선 임수경 이라는 사람만 생각했다. 사회적 위치를 떠나, 그는 한 아이의 엄마였다. 모르는 사람이 사고를 당해 세상을 떠났다고 해도 마음이 아픈 게 사람의 마음이거늘, 하물며 아들을 잃은 엄마에게, 사람들은 위로를 건네지 못했고 아니, 위로를 하지 않았고 그저 악플을 쓰느라 여념이 없었다.

'무엇일까. 이토록 하이에나처럼 달려드는 군중의 심리는'

함께 아파해주었더라면, 위로해주는 사람도 평온할 것을, 누군가에게 상처를 주고 악한 카타르시스를 느끼는 사람들, 범죄의 시작이 그로부터 시작된다는 걸, 사람들은 모르는 듯했다. 칼로 누군가의 생살을 찔러야만 아프다고 생각하는 걸까. 물리적인 충격보다 정신적인 충격이 훨씬 더 클 수도 있다는 사실을 모르는 것일까. 세상에서 가장 잔인한 건, 역시 인간이었다.

생떼 같은 자식을 잃은 엄마의 슬픔을 무엇이 대신할 수 있단 말인가. 엄마의 심정을 고려치 않고 사람들은 무작정 그녀를 비난하기에 바빴다. 고인에 대한 추모의 글이 아닌 악심을 품은 글로 인터넷이 도배되었다.

"익명성 뒤에서 하는 인간이 벌이는 일이라니."

"정당함에 소리를 외치는 것과 이 사안은 엄연히 다르다!"

손에 칼을 들지 않고서도 얼마든지 사람을 죽이고 살릴 수 있는 것이 다름 아닌 온라인이라는 무서운 공간이었다. 예전에는 없던 악의 온상, 온라인이 수많은 사람을 죄의식 없이 악의 구렁텅이로 빨아들이고 있었다.

"구속영장?"

단호하게 답했다.

"그렇습니다. 본보기 차원에서라도 구속 영장을 청구해야 합니다."

하지만, 부장님의 반대로 구속영장 청구까지 가지 못했다. 사안으로 볼 때, 악플에 대한 처벌만으로도 상당히 효과가 있을 거라는 주장이었다.

어쩔 수 없이 일단, 좀 더 세밀한 조사에 들어갔다. 직접 수사를 통해 여러 가지가 확인되면서 놀란 일이 많았다. 대부분 사회에서 자리 잡은 사람들이 대부분이었다. 얼굴을 드러내지 않는 온라인의 특성을 활용한 악성 범죄였다.

인터넷이 발전할수록 악플로 인한 피해사례가 증가할 것으로 예상되어 인터넷 실명제 도입을 제안하였다. 이는 곧장 네티즌 찬반투표로 이어졌다. 예상은 벗어나지 않았다. 많은 사람이 실명제 도입에 찬성표를 던졌다.

찬성이 무려 70%, 네이버에서 나온 결과였다. 만약 악플 내용이 공기 되었다면 찬성율이 훨씬 더 높았을 것이다.

당시 일본, 영국 등 외국에서도 크게 반응했다. 이후 악성 댓글이 자국에서도 발생될 가능성이 높다는 이유였다. 큰 관심에 해외의 인터뷰까지 이어졌다.

사건을 맡을 때마다 또 이전에는 존재하지 않던 범죄가 형성될 때마다 내가 왜 검사의 자리에 있게 된 건지를 생각한다. 검사라는 이름을 얻게 된 데에는 그만한 이유가 있으리라. 국민을 위한 자리, 나는 좀 더 명확한 사람이 되기로 작정한다.

　이후 수많은 사건을 다루게 되었다. 당시 한참 문제가 되었던 '바다이야기' 특별수사팀에 참여하기도 하였고 의협비리 사건도 담당했다.

반전의 기록

모두가 기억하는 화성 연쇄 살인 사건의 주임 검사로 일하던 때였다.

2008년 2월 수원지검 형사3부에 발령받았을 때였다.

발령이 나고서 몇 주쯤 지난 때였다. 안양 초등생 토막 살인사건을 맡게 되어 주임검사로 투입되었다.

용의자가 체포된 시점부터 경찰과 협업을 어어 갔다. 우선 증거수집, 피의자 조사 등에 관해 긴밀히 협조를 진행했다. 그리고 끝내 사건의 전모를 밝혀냈다.

"교통사고가 났습니다. 아이가 죽었더라구요"

"그래서 겁이 나서 사체를 유기한 겁니다."

이야기의 골자만 들어보면 아귀가 제법 맞았다. 속으로 엄청난 계산을 했을 테지, 어차피 큰 벌은 받을 테고, 어떻게 해서라도 피치 못하게 벌어진 사고에 당황해서 만들어진 일일뿐이라는 핑계, 차를 몰고 가다가 난데없이 누군가를 치었고 밖으로 나가보니 아이가 죽었다는 거다. 그러면 안 되는데 당장 겁이 나서 신고는 못했고 결국 유기한 거란다. 이야기를 엮는 솜씨가 그럴 듯했다.

어리석기는, 범죄자의 말을 곧이곧대로 검사가 믿어줄 거라고 생각한 걸까. 검사를 얼마나 단순하게 봤으면, 겨우 범죄자의 황당한 거짓말에 이내 속아 넘어갈 만큼 검사는 단순하지 않다. 범죄자가 열 개를 생각하는 동안 검사는 백 개를 계산한다. 범죄자가 백 개를 세는 동안 검사는 이미 천단위로 넘어가 계산한다. 그래야 범죄자를 손바닥에 올려놓을 수 있다. 그렇게 되면 뛰어봐야 벼룩일 뿐이다.

예상대로 진실이 아니었다. 애초 교통사고는 벌어지지도 않았다. 그는 아이를 집으로 유인했다. 착하고 순진한 아이를 집으로 끌어들이는 데는 오래 안 걸렸다. 피해자를 집으로 유인하고 끔찍하게도 강간을 시도했다. 결국, 아이를 살해한 후 토막을 내어 사체를 유기했다. 나는 그 모든 정황을 끝내 밝혀냈다.

사건을 접할 때마다, 수사를 이어갈 때마다 가장 역점을 두는 것은 피해자의 상황이다. 가해자의 이야기는 변명으로 일관될 확률이 높다. 어떤 사건이라도 휴머니즘이 아니며 신파는 더더욱 아니다. 범죄자들은 머릿속으로 수많은 이야기를 만들어 낸다. 순간은 어느 소설가도 흉내 내기 힘들다. 기승전결 구조가 맞아야 하니, 한두 가지 스토리로는 짜임새가 빈약해진다. 그러니, 수 만 가지 이야기를 꾸며내려고 머리를 굴린다. 검사는 언제나, 항상, 늘, 냉철해야만 한다. 그게 검사가 가져야할 기본 덕목이다.

수사 메모

공정거래 위원회에 파견 된 게 2009년 2월이었다.

법무보좌관의 자문 및 검찰과의 역할 등을 중재하였다. 당시 공정위는 조사권한을 갖고 있었다. 하지만, 조사 방법 등 노하우가 현저히 부족했다. 해서 직원들을 대상으로 조사기법에 대해 수차례 강의했다.

또한 디지털 포렌식 도입을 건의하기도 했다. 뿐만 아니라 공정위의 조사국을 신설, 사무처와 조사국의 분리를 건의했다. 공정거래법 위반사범에 대한 부당한 수익환수 차원에서 손해배상을 적극 활용할 것도 건의했다.

이어 다음 해에는 하반기 서울동부지검 부부장검사로 발령받았다. 이른바 함바비리사건 수사팀에 참가하여 강희락 전 경찰청장 등에 대한 수사를 진행하였다.

당시 그는 식당 비리 관련정황이 짙었다. 뇌물수수에 전 경찰청정이 관련 있다는 사실만으로도 국민들에게 큰 충격을 안긴 사건이었다. 그는 결국 구속영장을 발부받았다. 당시 시민위원회 역시 한 목소리를 냈다. 영장을 재청구해야 한다는 의견이 지배적이었다.

누구라도 법 앞에서는 평등해야 옳다. 그 중심엔 검사가 있다.

교육 체제가 범죄를 줄인다

때는 2011년, 미국 시애틀에 있는 워싱턴대학교에 다녀왔다.

1년 해외연수가 목적이었다. 따라서 아이들을 미국학교에 보내야 했는데, 이때 미국의 교육시스템을 접할 기회가 생겼다.

그들의 업무 분담은 매우 효율적이었다. 우리의 교육시스템과 차별화가 컸다.

기본적으로 가르치는 교사와 행정업무를 담당하는 직원이 완벽히 분리되어 있었다.

"선생님이 교무실에 계신 게 아니라고요?"

"그렇습니다. 교사는 자신의 담당 교실에 상주합니다."

"맡은 교실에서 수업 관련 업무만 합니다."

자신이 맡은 포지션에서 최선을 다하도록 만들어진 시스템에 감탄했다. 나머지 행정업무인 출결상황과 조퇴, 병가, 등하교 등의 업무는 행정요원의 담당이었다.

더 놀랐던 건, 등하교 시에 교장까지 질서유지에 나선다는 사실이었다. 뿐만이 아니었다. 점심시간도 예외가 아니었다. 철저히 선생님의 관리 하에 식사를 했다. 혹 규정을 어길 경우 반드시 그에 상응하는 조치는 취하는 방식을 갖추고 있었다.

우리나라는 학교 폭력이 심각한데도, 아이들을 세밀하게 살피지 못해 큰 사고가 벌어지는 경우가 많지 않은가. 하지만, 미국 학교에서 내 아이가 실제 목격한 바로는 가령 식사 시간에 다른 친구에게 식후 식판을 반납하도록 시킨 사실이 적발된 경우 그 다음날 점심때 대신 식판을 반납한 친구의 식판을 시킨 학생이 반납하도록 하는 방법을 취하고 있었다. 가해학생에게 벌점이나 학칙에 의한 판정보다는 자신이 가해한 행동을 역으로 겪어보게 함으로써 상대방의 기분과 심정을 이해하도록 하고 있었다.

이런 시스템이 매우 훌륭했다. 그리고 당연하게 여기는 교사나 학생들의 마인드 또한 정말 훌륭했고 본받을 점이었다. 잘못에 대해 매우 엄격하며 스스로 잘못한 일을 깨우치도록 만든 시스템에 또 한 번 감탄했다.

주입식 교육에 익숙한 내게 낯선 교육방법은 참신하다 못해 신기할 지경이었다. 공립중학교에서는 일부 과목을 선택할 수 있도록 되어 있고, 반드시 악기 1개를 다룰 수 있도록 되어 있었다. 그런 다음 학부모들을 초청, 연주회를 개최했다.

학생들의 학급은 나누어져 있으나 고정 교실이 없고 과목별 교실로 이동해 수업을 받았다. 5분 정도의 쉬는 시간 동안, 종전 과목의 책을 개인 사물함에 두고 다음 과목의 책을 챙겨 해당 과목 교실로 이동했다. 그런 다음 화장실에 가고 싶은 학생은 선생님에게 화장실에 가겠다고 말하고 다녀오는 시스템이었다. 사실상 쉬는 시간에 다른 일을 할 수 있는 여유가 없었다.

교과서는 집에 안 가져오고 사물함 보관이 원칙이었다. 과제는 모든 시간에 있지만, 과제를 하지 못했더라도 우리나라처럼 바로 불이익을 주지 않았다. 낮은 평점을 부과 후 다시 하도록 기회를 줬다. 이후 제출 시 평점이 수정되는 방식이었다. 최대한 낙오자가 발생치 않도록 챙기는 교육의 체제가 형성되어 있었다. 기회를 다시 한 번 부여하는 시스템이다.

이처럼 교육시스템이 각 분야별로 명확히 나뉘어 있고 효율적으로 운영되다보니, 학교폭력이 발생할 여지가 크지 않다는 게 큰 장점이었다. 점심시간도 교사의 주도하에만 식사가 가능했다.

학교폭력이 만연한 한국에서도 교육시스템정비가 필요하다고 생각했다. 시스템의 변화만 주더라도 학교폭력은 현저히 줄어들 것이다. 주입식 교육에 익숙한 한국 방식에서는 많은 문제점이 야기될 수밖에 없다.

좋은 것은 받아들이는 게 옳다. 그게 무엇이든 우리 현실에 맞게

조정하면 된다. 해보지도 않고 우리는 맞지 않을 거라고 쉬이 판단한다. 그러는 동안 범죄 역시 늘어난다.

법도 마찬가지다. 시스템이 부족하면 새롭게 만들어 교정해야 한다. 그래야 범죄로 인한 피해자를 줄일 수 있다. 교통사고가 예고 없이 찾아오듯 사건 사고 역시 예고 없이 들이닥친다. 피해자들은 감당치 못할 난관에 처하게 된다. 어느 누구도 사건 사고가 나지 않으리라는 보장은 없다.

누군가는 그럴지도 모른다. 검사는 교육관계자가 아니니 관여할 바가 아니라고. 아니, 천만에 말씀! 교육의 구조는 굉장히 중요하다. 어떻게 교육이 이뤄지는가에 따라 범죄의 범위가 달라지기 때문이다. 범죄 상황을 손바닥 보듯 훤히 알고 있는 우리 검사들이야 말로 교육시스템에 대해 의견을 말할 권리가 충분하다고 나는 생각한다.

끊이지 않는 범죄

해외연수를 마치고 다시 돌아온 게 2012년 7월이었다. 한국으로 돌아오자마자 창원지검 특수부장으로 발령이 났다.

검사 생활을 하면서 겪는 위기에는 여러 가지가 많지만 특히 건강이 무엇보다 중요했다. 많은 수사를 담당하다보면 밤을 새우는 날이 부지기수다. 곳곳 왜 그리 많은 범죄가 일어나는 건지, 단 하루라도 범죄가 안 일어나는 날은 없는 건지, 검사들이 건강을 잃게 되는 이유 중 하나는 무수한 범죄 때문이다. 자칫하다 건강을 잃게 되면 그야말로 검사의 생활은 종지부를 찍게 된다. 국민을 위해 열심히 일한다는 목표가 건강 하나로 좌절 될 수 있기에 건강에 누구보다 신경 써야만 한다. 단순히 생각해도 범죄자 앞에서 병색 가득한 얼굴의 검사가 마주하고 있다면, 어느 누가 쉬이 보지 않으랴.

부원들을 상대로 테니스에 입문하도록 한 이유도 그 때문이었다.

라켓과 레슨코치를 초빙해 운동을 생활화 할 수 있도록 했다. 늘 부원늘의 건강을 강조했다.

"검사가 건강해야 합니다. 건강해야 옳은 판단을 할 수 있습니다."

"아프지 마세요. 검사들이 아프면 국민들의 힘들어 집니다."

"나를 위해서도 국민들을 위해서도 검사는 건강해야 합니다."

사건은 끊임없이 벌어졌다.

당시 몇 년 전, 부산지역 조직원들이 돈을 받은 인터넷도박 프로그래머가 있었다. 그는 돈을 받아 도박 프로그램을 만들기로 했다. 애초 목적이 잘 못되기도 했지만, 그가 제대로 인터넷 도박 프로그램을 만들지 못한 게 화근이었다.

조직원들은 결국 프로그래머를 납치해 필리핀으로 끌고 갔다. 그리고 끔찍하게 폭행하여 프로그래머가 죽었다. 범죄는 언제나 상상을 초월한다. 소설 속에나 존재할 법한 범죄들이 수없이 벌어지고 일어난다.

우리는 수사를 하며 프로그래머를 죽이고 사체를 화장하였다는 제보를 받기에 이르렀다.

사실관계가 필요했다. 필리핀에서 프로그래머를 치료한 의사를 수소문했다. 진료 기록 확보, 폭력조직원을 일망타진하기에 이르렀다.

이후 서울북구지검 형사 6부장, 특수 전담으로 발령을 받은 게 2013년 3월이었다.

당시 교육부로 받은 수사의뢰는 다름 아닌 국제영훈중학교 입시 비리다. 중학교 입시비리라니, 낯설고 특별했다. 보통 사람들은 알지 못하는 세계, 세상의 어느 곳도 범죄의 굴레에 속하지 않는 곳은 없다.

당시 삼성그룹 이재용 회장의 자녀를 영훈중에 입학시키기 위해 입학성적을 조작한 사실을 밝혀냈다. 수사를 하면서 서류 면접 담당위원들에게 동일한 면접 자료를 주고 다시 심사하도록 한 결과 실제점수와 입력점수가 다르게 되어 있다는 걸 밝혀냈다.

아마도 어린 자녀는 정신적으로 큰 충격을 받았을 테다. 항상 미안한 마음을 가지고 있었다. 해서 이후 삼바수사당시 이재용 회장과 차담을 나눈 적이 있는데, 그때의 일을 상기하며, 마음의 상처를 입었을 자녀에게 미안하다는 말을 전했다.

세상의 발전에 발맞추는 범죄

    대검 과학수사 담당관으로 발령받은 건, 2014년 3월이었다. 모든 것들이 아날로그인 세상에서도 범죄는 저질러졌다. 차가 없던 세상에 차가 생기자 차를 이용한 범죄가 생겨났다. 스마트폰이 없던 세상에 스파트폰이 등장하자 전에는 상상조차 하지 못했던 수많은 범죄가 만들어졌다. 스마트폰으로 불가능 한 게 거의 없는 세상이 되었지만, 스마트 폰으로 전 재산을 날리는 피해자가 속출하는 세상이 되었다.

    항상 신종 범죄는 빛보다 빠르게 사람들 틈을 비집고 들어섰다. 천사의 얼굴을 하고 다가와서는 악마의 얼굴을 숨긴 채 웃고 있는 것이다.

"세상의 발전에 가장 빨리 발을 맞추는 게 뭔지 아십니까?"
"그건 다름 아닌 범죄입니다."

187

"웃기는 이야기 같지만, 세상에서 가장 트렌디한 게 다름 아닌 범죄입니다."

"범죄는 세상에 발을 맞추는데 수사는 뒷전이면 국민들이 불안해질 게 빤합니다."

"그러니 검사도 세상의 발전 속도에 반드시 발을 맞춰야 합니다. 아니 보다 앞서 나가야 합니다."

나의 주장이었다.

범죄가 끊이지 않는 이유 중 하나는 시대의 흐름대로 범죄의 수법도 늘어나기 때문이다. 과학기술이 발달하는 것은 사회에 이익이지만 범죄 역시 함께 발전한다는 걸 잊어서는 안 된다. 수사 역시 이에 발 빠르게 맞춰 움직여야만 한다.

범죄 방법은 한참 앞서고 있는데 수사는 한참 뒤쳐져 있다면 어느 사건도 해결 할 수 없게 되어 버린다. 따라서 매우 전문적이고 치밀하게 움직여야만 한다. 과학수사의 필요성도 이 때문이다.

당시 검찰의 과학수사 분야는 수사기획관이 최고책임자이고 검사장이 최고책임자인 부로 승격이 되지 않아 체계적인 관리가 이루어지지 않고 있어 과학수사부로 승격이 시급한 실정이었다. 범죄는 빠르게 수법이 진화하는데 수사는 뒤지고 있었다.

이에 과학수사 분야에 대한 단기, 중기, 장기계획 수립이 필요하다는 의견에 따라 1년여에 걸쳐 단, 중, 장기 계획을 수립했다.

계획의 내용에 따라 2015년에 과학수사부가 신설하게 되었다.

과학수사 담당관실은 도장 등 인영 감정실, 음성분석실, 영상분석실, 심리분석실 등 10여개의 분석실로 나누어져 있다. 각 분석실이 실장을 정점으로 수직구조로 되어 있어 최신 분석기법을 도입하기 어려운 구조였다.

세상의 모든 것은 모던하게 돌아간다. 모던주의라고 하지 않던가. 최신, 가장 최근의 것으로 모든 것들이 교체된다. 젊은이들은 몇 달 쓰지도 않은 휴대폰을, 새 제품이 나오면 고민도 없이 교체한다. 무엇이든 최근의 것을 좋아한다. 알고 보면 수사기법이야말로 가장 모던해야 한다. 가장 최신식의 방법을 따라야 능률적이 된다. 과학수사는 이전 밝혀내지 못했던 사건을 파헤치거나 당장의 사건을 편리하게 분석하는 주요 수단이다. 수사 역시 모던해야 하는 이유다.

신규로 채용된 직원이 가장 최신의 감정기법을 알고 있음에도 각 분석실의 실장들은 고전적인 방식의 감정기법을 고수하고 있었다. 다른 기관에 비해 분석기법이 낙후될 위험성이 있었다. 조직 수평적 구조로 변경하여 각 분석관별로 독자적으로 감정할 수 있도록 제도를 개편했다.

미국 출장 등 1년여에 걸친 노력 끝에 미국폴리그래프 협회로부터 대검의 심리분석전문가 양성교육이 위 협회의 인증을 받음으로

서 대검의 위 교육이수시 미국 협회의 자격증을 취득할 수 있도록 하였다. 이는 아시아에서 싱가포르에 이어 2번째 인증이다.

어느 수사이건 중요 파일이 손상되면 수사는 난관에 부딪치기 마련이다. 해서 손상된 파일을 복구할 수 있는 복원팀, 범죄자들의 심리를 분석하는 심리분석실 등을 신설했다.

2016년 2월, 서울동부지검 형사2부장으로 발령이 났다. 그때 한 일은 첨단과학 아카데미 개설이었다. 총 기간 8개월, AI분야와 줄기세포 등 다수 분야를 망라했다.

아무래도 보다 더 자세한 공부가 필요하다고 판단했다. 해서 첨단 분야의 담당자를 초빙, 전문가들과 함께 토론하며 함께 연구 활동을 이어갔다.

이를 기반으로 만들어 진 것이 바로 서울동부지검 사이버범죄수사부다.

사회구조 건의

동계 올림픽이 코앞으로 다가왔던 때, 2017년 8월, 춘천지검 강릉지청장으로 부임했다.

이제 해가 바뀌면, 우리나라 평창에서 동계올림픽이 열릴 예정이었다. 전 세계의 이목이 우리나라 대한민국으로 쏠리게 되어 있었다.

치안유지는 당연했고 테러방지 등을 위한 준비가 필요했다. 해서 각 유관기관과의 협조를 긴밀히 했다. 혹시라도 올림픽 기간 중 예상치 못한 범죄가 발생하면 큰일이지 않은가. 국가적 위상은 말할 것도 없으려니와 국민이 국가에 느끼는 좌절감이 얼마나 크겠는가.

해서 만반의 준비를 했다. 다행히 올림픽 기간 내내 내국인이 외국인을 상대로 한 범죄는 발생치 않았다. 우리나라 국민들의 의식이 얼마나 높다는 걸 다시 한 번 확인했다. 외국인이 내국인을 상대로 한 범죄 또한 10여건에 불과했다.

세계의 시선이 대한민국 평창으로 쏠리던 때, 우리는 안전 한국을 다시 한 번 증명했다. 안전하고 성공적인 동계올림픽을 마치던 순간 가슴이 벅차올랐다. 그 속에 내가 서 있다는 게 자랑스러웠다.

강릉의 발전을 위해 제안한 게 있는데, 옛 경포호의 복원사업에 대한 건의였다. 이 경포호는 본래 12킬로미터 쯤 되는 아름다운 호수였다. 한데, 일부를 매립, 논으로 간척했다. 그 바람에 현재의 경포호는 예날의 아름다움을 잃어버리고 밋밋한 곳으로 변하여 많은 비가 오면 호수가 범람하는 일이 발생했다. 간적지가 그 나쁜 역할을 담당하고 있었다. 지금은 강릉시청에서 주변 간척지를 매입해 복원작업이 한창 진행 중인 것으로 알고 있다.

또 하나는 동계올림픽 경기장 중 하나인 강릉시 스피드스케이팅장의 사후 활용방안이다. 원래는 동계올림필 후 철거하기로 되어있었는데, 주민들의 많은 예산을 들여서 지어놨는데 활용을 해야하지 않을까 하는 고민에서 사후 활용방안을 두고 시민들은 물론, 관련단체들에게 제안을 공모한 결과 40여 가지의 의견이 모아졌다. 강릉시는 고민에 빠지지 않을 수 없었다. 그때 나는 기둥이 없는 스피드스케이팅장의 구조를 활용한 실내테니스코트를 강릉시에 건의했다. 스피드스케이팅장은 국제규모로 대략 16면 정도의 테니스 코트를 만들 수 있다고 했다. 외국의 유명한 테니스 아카데미를 유치해 강릉시를 테니스메카로 만들면, 사람들이 모이고, 관련 산업들이 번

창하게 되어 동계올림픽 부지의 성공적인 활용 모델로 주목받을 수 있을 것이라 생각했다. 현재 강릉시는 스피드스케이트장의 '실내 테니스장' 활용을 진행 중이다.

검사는 범죄자만 취급한다고 생각하는데, 그렇지 않다. 사회가 평온해져 국민들의 삶이 여유 있어지기를 누구보다 바라는 사람이 바로 검사다. 그래야만 피해를 보는 국민이 줄어들기 때문이다. 평생 누군가로부터 피해를 당하지 않고 살아가는 일은 큰 축복이라는 걸 나는 잘 안다. 너무나 많은 피해자를 대하며 아픔을 함께 해왔기 때문이다.

이후 2018년에서 2023년에서 현재에 이르기까지 수많은 일을 해왔다.

제3기 신임지청장 리더십과정
2017. 9. 25. 법무연수원

넷째 장.

이웃 같은 정치인을
꿈꾸다

정치의 '방법'

세상엔 법이 참 많다. 법을 어기면 여지없이 지탄을 받고 벌을 받는다. 그런데 살짝 어긋나도 벌을 받지 않는 법이 있다. 다름 아닌 '방법'이다. 명확한 규정이 없어 죄를 물을 수 없는 법, 방법! 검사도 이 법은 자유롭다.

자유로운 법이다 보니, 지키지 않아도 되고 안 지켜도 죄책감을 느낄 필요가 없다. 세상 편한 법이 바로 방법이다. 하지만, 나를 완성형으로 만들다보면 기존 '법'보다 더 지키기 어려운 게 바로 '방법'인데, 특히 검사로 살아가는 '방법'은 지키기가 꽤 까다롭다.

검사로 살아가는 방법 속엔 '공정'이라는 무시무시한 폭탄이 숨겨져 있기 때문이다. 이 폭탄은 어떻게 사용하는 가에 따라 기존 법보다 더 무서운 파괴력을 보인다.

'법' 보다 무서운 '방법'

법으로 규정되지 않아 쇠고랑을 찰 일은 만들지 않지만, 누군가의 생명을 위협할 수도 있고 누군가에게 평생 씻지 못할 상처를 남길 수도 있기 때문이다.

'공정'하지 못한 검사는 검사로 살아가는 '방법'을 잘못 선택한 경우다. '법'은 잘 알지 모르나 '방법'은 모르는 거다. 이럴 경우 '법'을 자칫 남용하거나 그릇되게 해석할 수 있다. '공정'은 검사에게 목숨만큼이나 중요한 사안이다.

이재명 사건을 수사하면서도 가장 역점을 두었던 건 다름 아닌 '공정'이었다. 내가 누군가의 대학 후배인가 아닌가 하는 건, 한참 뒤로 두고 꺼내보지도 않았다.

검사가 된 이상, 검사라는 이름으로 어떤 사건의 맥을 짚어야 하는 순간, 손목을 잡는 '방법'이 잘 못된다면 맥박은 제멋대로 뛸 것이다. 인맥, 학맥을 떠올리는 순간, 이미 '방법'은 어긋나기 마련이고 '공정'은 로켓처럼 빠르게 도망간다.

비단 수사에서만이 아닐 테다. 국민의 안정과 안녕을 책임지는 정치는 그야말로 '방법'이 가장 중요하다. '정치의 방법'이 잘 못 되면 국민은 어디로 가야하는지 헷갈린다. 미리 준비하지 못한 안전장치 때문에 국민이 목숨을 잃기도 하고 위험에 빠지기도 하며 모든 재산을 잃기도 한다. 하물며 정치판에서는 소 잃고도 외양간 고칠 생각도 쉽게 안하니 문제다. 우리는 수없이 정치판의 '잘못 된 방법'을 보아왔고 체험해 왔다. 나 역시 그래왔다.

'지금의 정치는 '방법'이 잘못 되었다.'

'지금의 정치를 바로 잡는 길은 '방법'을 바꾸는 것뿐이다.'

'공정한 검사로 일 해오며 나는 그 '방법'을 배웠다.'

정치도 선수가 뛰어야 한다

　백 미터를 전력질주하다 정확히 오십 미터 지점에 멈춰보라고 하자. 가능한 사람이 몇이나 될까? 눈으로 백 미터 거리를 제 아무리 짐작하고 달린다고 해도 정확히 오십 미터 지점에서 멈출 수 있는 사람은 없을 것이다. '중립'이 힘든 이유다.

　중립을 찾는 건, 중립을 지키는 건, 백 미터를 달리다 오십 미터지점에서 정확히 멈추는 것만큼이나 힘든 일이다. 어떤 사건의 중심에서 흔들리지 않고 객관적인 판단을 해야 하는 일은 생각보다 만만한 일이 절대 아니다.

　검사는 '중립'적이어야 한다. 좌로 우로 흔들리면 안 되는 정확한 가운데, 게서 멈춰 있어야 한다. 그래야 옳다. 모두 오십 미터 거리를 두고 양쪽을 쳐다보아야만 한다. 그래야 '공정성립'이 이뤄진다.

　하지만, 힘껏 달려가다 정확히 오십 미터 지점을 찾는 게 만만할

리가. 혹여 운 좋게 찾았다고만 해서 이놈의 공정이 흔들리지 않는 것도 아니다. 그러니 좀체 '방법'이 어려운 거다.

좋다. 재로 잰 듯 서 있으면 될 테지, 하고 버티고 한 가운데 서 있어 보자. 과연 아무 탈이 없는지 말이다. 웬걸, 희한하게도 몸이 이리저리 기운다. 왼편으로 기울었다 다시 우편으로 기울었다, 마치 어린 시절 비포장도로에 올라탄 소년처럼 말이다.

지금 세상이 그렇다. 완전히 한쪽으로 기울어져 제 몸무게 자랑질만 해대는 중이다. 하지만, 모르는 사실이 있다. 몸에 지방이 많을수록 건강하지 못한 사람이 된다는 사실 말이다. 무게가 더 나간들 건강한 사람은 아니라는 거다. 값비싼 보석이 어디 큰 돌덩이보다 더 무게가 많이 나가는가 말이다.

이재명수사를 비롯해, 모든 수사를 할 때마다 생각했다. 어쩌면 현재 서 있는 곳이 정확히 가운데가 아니었을지 모른다. 그래서 더 크게 속으로 외쳤다. 중심이 흔들리면 안 되었기 때문이다.

"나는 정확히 오십 미터 지점에 서 있어야 한다."

"세상이 한 쪽으로 기운다고 따라서 기울어선 안 된다."

"그건 검사로써의 '방법'이 아니다"

나는 '법'보다 규율이 약한 '방법'을 중요하게 생각하는 사람인데, 늘 '공정'한 검사가 되는 '방법'을 생각하기 때문이다. 이 '방법'이 그릇되는 순간 '법'은 쉬워지고 '법'이 쉬워지면 어느 순간 우스워진다. 우스워지니 가벼워지고 가벼워지니 편히 결론을 낸다. 편하게, 아무 생각 없이 추가 기우는 대로 결론을 내니, 누군가는 목숨을 끊기도 하고 누군가는 억울해지며, 누군가는 평생 안 지은 죄로 억울해 지는 거다.

내게 중한 무게를 달아주는 쪽으로 몸을 기울이는 게 누구라도 편하다. 유혹이 많을수록 무게는 더 실리기 마련이다. 인간은 유혹에 약하고 유혹에 넘어가면 다시 되돌아 서기 힘든 법이다.

'방법'이 그릇되면 그래서 '법'을 파괴 하는 거다. 실수를 넘어 실패가 되는 것 역시 '방법'을 지키지 않아서다. 그런데 미안하게도 검사에겐 '실수'도 '실패'도 있어선 안 된다. 그게 바로 '공정'이다.

정확히 오십 미터 지점에서 멈출 수 있는 사람은 없다 해도 가장 근접이 쉬운 사람은 있다. 늘 백 미터를 열심히 뛰고 달리는 선수들이다. 몇 발쯤 달리면 오십 미터 지점이라는 걸 선수들은 알고 있다. 그래서 '선수'라 부르지 않는가.

'공정' 하려면 '공정'한 '방법'으로 검사 일을 하려면 '선수'가 되면 된다. 그렇게 되면 정확히 오십 미터 지점에서 충분히 멈출 수 있다.

지금 정치판에는 선수가 없어 보인다. 너도 나도 '나는 프로다'라고 외치지만, 진짜 프로는 안 보인나. 서로가 반칙을 해서라노 상대를 이기면 그만이라고 생각한다. 그래서 중심에 설 생각은 하지 않고 공정한 방법은 따위로도 취급 하지 않으며 무작정 이기기에만 집중한다. 누가 헐뜯기는 상관이 없고, 누가 없는 죄를 뒤집어써도 상관없다. 상대의 다리를 걸어 넘어트려도 내가 일등만 하면 된다고 여긴다. 그건 진짜 선수가 아니다. 진짜 선수는 혹여 자신이 지더라도 승복할 줄 알아야 하고 내가 이겼더라도 상대를 존중 할 줄 알아야 한다. 그게 진짜 선수다. 그런데 지금 정치판에는 진짜 선수가 없다. 당연히 오십 미터에서 정확히 멈출 수 있는 사람도 없다. 나는 오십 미터 지점을 안다. 숱하게 봐왔고 멈춰 봤다. 지금 당장 달리라고 해도 정확히 오십 미터 지점에서 멈출 자신이 있다. 지금의 자리가 아니라 '정치'라는 이름의 운동장에서 달릴 지라도 나의 '공정' 과 '방법'은 변치 않을 것이다.

'정치검찰' 브랜드는
누가 만들었나

듣다듣다 별 소리를 다 들어본다고 누군가 말했다. 다름 아닌 '정치검찰' '검찰공화국'이라는 브랜드가 생기면서다.

주변에서, 언론에서 심심하면 이 브랜드를 들고 나온다. 어느 순간부터 너무도 익숙해 패션브랜드처럼 여겨질 지경이다. 샤넬이나 구찌도 이만큼 자주 입에 오르내리지는 않을 텐데. 제법 브랜드가 성공한 모양이다. 그런데 어쩌나, 이 브랜드는 이름값만큼 제 값을 못하는 것만 같아 애석하기 짝이 없다.

요즘 검찰을 믿는 국민이 얼마나 될까? 최근 검찰에 대한 국민들의 신뢰는 바닥에 가깝다. 전에는 검찰이라고 하면, 그래도 공정하려니, 그래도 중심을 지키려니 생각했지만, 어느 순간부터 외려 '가장 신뢰하지 못할 직업' '가장 인정하기 싫은 집단'이 되어 버렸다.

왜, 도대체 무엇 때문에 이 지경에 이른 것일까?

대체 무엇이 어떤 '방법'으로 검찰이 움직이고 있기에. 어쩌다 '검찰공화국'이라는 말을 초등학생도 다 아는 세상이 되었는가 말이다.

현재, 나는 자괴감이 크다. 더는 검찰의 희망이 보이지 않는다고 판단한지 제법 되었다. 이곳에서 검사라는 이름을 걸고 오래도록 일해 온 시간을 후회한 적은 없지만, 앞날을 내다보며 희망을 가질 생각 역시 크지 않다.

검찰은 국민 위에 군림하는 조직이 되어선 안 된다. 검찰은 누군가를 억누르기 위해 만들어진 존재가 아니다. 늘 아니라고, 우리는 국민을 위해 일할 각오가 되어 있다고, 수없이 제 입으로 강조하고 주장해왔다. 하지만 라이브가 불가능해, 립싱크만 하는 가수처럼 입술로만 읊조린 꼴이 되어버렸다.

검찰 조직은 국민들의 권익을 대변하는 수단으로 활용되어야함에도 불구하고, 외려 국민들을 지배하려는 집단이 되어가고 있다. 검찰은, 검사는 누구를 죽이기 위해 탄생한 조직이 절대 아니다.

검사는 기본적으로 보았을 때, 피해자의 편이다. 범죄자의 편이 절대 아니다. 피해자가 누군가를 고발, 고소를 하면 국가가 나서서 범인을 잡고 처벌하는 것이다. 피해자가 스스로 해결 할 수 없는 문제이기 때문이다. 이때, 검사는 국가의 비호아래 이 임무를 충실히 수행할 의무를 지닌다.

이후 법원은 검사가 기소한 사안에 대해 죄의 유무를 판단하게 되고, 그에 상응하는 죄를 선고한다. 그런데 지금 어떠한가. 국민들은 검사를 마치 가해자로 규정한 듯 보인다. 법원은 마치 죄인을 보호하는 것처럼 여겨지고 있다. 검사가 피해 받은 사람들을 대변해 기소하면, 법원은 죄인들을 처단해줘야 하는데, 자꾸만 쉽게 풀어주는 경우가 생겼던 거다. 하필 정치권에서 이런 일이 비일비재했던 거다. 마치 범죄자의 편에 서서 인권을 보호하는 듯 보인 꼴이 된 것이다. 그러니, 누가 국민을 위한 조직으로 보겠는가 말이다.

오만이 자처한 불운

　이 일을 스스로 자처한 건 다름 아닌 검찰이었다. 이유로는 정치적인 사건이 발생할 경우, 이와 같은 형태의 진행을 너무도 자연스럽게, 당연한 듯 벌여왔기 때문이다. 사기 범죄 등 여러 범죄에 대해서는 검찰이 중립을 지키다가도 정치적인 사건만 맡게 되면 아예 오십 미터 지점으로 가려고 시도조차 하지 않았다는 거다. 한쪽 방향으로 쏠려 있는 검찰의 모습을 보고 어느 누가, 어느 국민이 신뢰를 하겠는가 말이다. 그러면서도, 검찰은 늘, 백 미터의 한 가운데인 오십 미터 지점에 서 있다고 주장한 것이다. 그 누가 고개를 끄덕이며 수긍하겠느냐 말이다.

　국민들은 어느 순간부터 검찰에 대한 이미지를 굳혔다.

　'일반 무고한 시민들을 탄압하는 사람들, 정답은 검찰'

　'정치 사안에 대해서는 입을 다물어 버리는 사람들, 정답은 검찰'

　제 아무리 돈이 많아도 모두에게 손가락질을 받는 다면, 과연 행복

211

한 사람일까. 아마도 스스로 행복을 느끼지 못할 것이다. 지금 검찰이 그렇다. 그렇게 되어 버렸다. 검찰이 가져야 하는 공정의 가치는 국민이 준 것이다. 그 공정의 가치를 그릇되게 써왔기에 신뢰를 잃은 것이다. 오만이 만들어낸, 오만이 자처한 불운일 뿐이다.

처음 공수처가 만들어 질 때, 대부분 도입에 반대했다. 검찰의 대다수가 그랬다. 하지만 나는 소수의 편에 섰다. 공수처는 반드시 존재해야 한다고 주장했다. 힘 있는 사람들의 죄를 묻는 곳이 반드시 따로 만들어져 있어야 한다는 게 내 생각이었다.

나는 목소리를 높였다.

"공수처 도입하고 정치적인 사건은 모두 공수처로 옮겨주자."

"우리는 정치적인 사건에 휘말리지 말자."

"우리는 검찰 고유의 업무를 이어가자."

"그래야 검찰에 대한 신뢰가 회복된다."

이대로 쭉 정치적인 사건을 계속 쥐고 있으면, 검찰이 타고 있는 배는 반드시 침몰하게 될 거라고 수없이 의견을 표출했다. 하지만, 그럼에도 손을 쉬이 놓지 못하는 이유가 있다.

"이번 사건 누군데?"

"정치인, 기업인?"

누가 어떤 사람의 사건을 맡았는가에 따라 위치가 달라진다. 어쩌면 달라진다기보다, 달라진다고 여긴다는 게 맞으리라. 정치 사안을 건드리고 움직여줘야만 힘이 있어 보이기 때문이다. 힘 있는 사람을 손에 놓고 놀아 볼 수 있는 잔치, 다른 곳에서는 불가능한데, 이 판에서는 간접이든 직접이든 가능한 일이 생기는 탓이다. 물론 그 놀이를 즐기는 사람들은 그걸 탓이라 하지 않고 '덕'이라 하겠지만.

'탓'이든 '덕'이든 나쁜 기운이 스며들면 오물이고 제대로 정제하면 정수일 테지.

이 치졸한 계산과 유혹이 좀처럼 손을 놓지 못하게 만들고 있는 것이다. 누군가 검찰의 눈치를 보는 데서 얻는, 모를 쾌감 따위 말이다. 나 아니면 저 힘을 가진 사람도 안 돼, 하는 오만의 짜릿함, 한 번 경험하면 절대 놓을 수 없는 힘, 그로 '공정도' '방법'도 모두 와르르 무너져 버리는 것이다.

모르는 분들은 이런 질문을 던진다.

"모든 검사가 다 그렇습니까?"

아니다. 모든 검사가 그렇지도 않을뿐더러, 그럴 수도 없다. 실상, 보통의 검사들은 사실상 그럴 수가 없다. 그런 욕심을 갖고 있더라도 기회가 주어지지 않기 때문에 애초 가능하지가 않은 것이다.

검찰이 국회의원도 수사하고 정치적인 사건을 통해 큰 건을 처리해야만 명분도 서고 소위 부탁도 줄을 잇는다. 아니라고들 하겠지만, 권력자로부터 받게 되는 반대의 부탁은 엄청난 가치라는 무서운 착각을 하고 있는 것이다.

검수완박의 이론

 '검찰 수사권 완전 박탈' 이라는 말을 줄여 편히 검수완박이라고 칭한다. 검찰의 수사권을 제한, 박탈시키는 제도, 변화를 일컫는다.

 대부분 사건은 기본적으로 경찰이 수사하고 검찰이 기소가 되면 판사가 판결한다. 그건 대부분이 아는 기본 상식이다. 사건 사고 뉴스만 자주 보는 분들이면 이쯤은 기본으로 알고 있다. 이 3단계가 당연한 형사사건의 통로라고 여긴다.

 검찰은 이때, 재판부와 경찰 사이에서 아주 중요한 역할을 하게 된다. 모든 일이 그러하지만 수사야말로 허점이 생기거나 모순이 생기면 큰일이다. 그릇된 판단으로 피해자와 피의자가 뒤바뀌는 일까지도 발생할 수 있기 때문이다. 이처럼 혹시라도 그릇된 수사가 있을 수 있기에, 이를 바로 잡는 결정적인 일을 하는 것이다. 이후 사건이 법원으로 보내질지 아닐지가 결정되기에 어쩌면 가장 중요한 일을 한다고 봐야 옳다. 하지만, 이로 인해 경찰보다 검찰이 훨씬 큰 수사권한을 갖고 있어 검찰을 경찰이 견제하지 못한다는 지적이 끊임없이 터져 나온 것도 사실이다.

그로 탄생한 것이 검수완박이다.

2021년, 지금으로부터 3년 전, 검찰 수사권을 6대 범죄에 대해서만 수사할 수 있도록 제한한 것이다. 이 6대 범죄를 살펴보자면, 부패, 경제, 공직자, 선거, 방위사업, 대형 참사 등이다. 이에 대해서만 수사할 수 있도록 한 것이다. 하지만 기준이 모호해 전과 다를 바 없다는 지적이 컸다. 그로 검찰의 수사권한을 완전히 박탈하자는 내용이 논의 되었다.

이른바 검수완박 이론의 성립이다.

나의 이론

나는 검찰 수사권 완전 박탈 법안에 대해 반대한다고 말한바 있다. 인터뷰도 진행했고.

이유는 검찰 수사권 박탈은 상당한 피해를 초래할 것이기 때문이다. 누구에게? 다름 아닌 우리 국민 모두에게.

하지만, 한 가지 아쉬운 건 이어진 나의 결론을 보지 않고 평가하는 말이다. 나는 무작정 반대하는 것이 절대 아니다. 대안을 충분히 제시하고 있다. 전문 인력의 배치, 횡으로 수사 권한을 분산하고 종으로 기능을 분리하자는 주장이다.

다 떠나 검수완박의 문제점에 대해서 일단 논하고 가야하겠다. 이는 기본적인 것이다. 문제가 있으니 무작정 안 한다가 아니라, 그러니 이러이러해야 한다는 계획을 충분히 가지고 있다. 이후에 그 이야기는 펼쳐 놓겠다.

검사로 살다보면 수많은 사건을 접하게 된다. 상상을 초월하는 범죄가 존재한다. 그 끔찍한 범죄의 현장엔 늘 검사가 존재해왔다. 앞서 얘기했던 안양 사건이 그 예다.

'안양초등생 토막 살인사건'

모두 기억할 것이다. 듣기만 해도 끔찍한 이 사건은 우리나라 대한민국에서 벌어진 일이다. 이 사건은 아이들이 실종되고 나서도 한참동안 해결이 되지 않았다. 무려 석 달이 다 되도록 행방은 묘연했다. 다행히 미궁 속으로 빠지지는 않았다.

결국, 피의자가 검찰로 송치되면서 살인에 대한 혐의가 밝혀졌지만, 보완 수가가 꼭 필요했다. 왜냐하면 범행을 하게 된 경위 등이 반드시 필요했기 때문이었다.

결국, 검경협업이 피의자의 성폭행 시도를 밝혀냈다. 하지만, 만약 검수완박의 이론이 성립될 경우, 검찰이 추가 증거를 확보할 수 없을 뿐만 아니라, 추가증거를 확보하더라도 혐의를 추가하고 적용하는 게 불가능해 진다.

사실상 2차 수사권은 피해자 구제 수단이다. 그래서 매우 중요한 일이며 없어서는 안 될 사안이기도 하다. 경찰 수사가 만약 미흡할 경우, 이를 바로 잡을 수 있는 상황이 만들어지는 것이다.

또 하나의 예다.

'수사과정에서 무고죄를 인정받은 사례'

때는 2008년, 한 계모가 폭행과 상해 혐의로 남편을 경찰에 고소하며 드러난 사건이다.

사건은 피고소인 혐의가 인정 됐다. 따라서 검찰에 기소의견으로 송치 되었다. 하지만 수사를 해보니 무고죄가 인정되는 사례였다.

이른 바 놀라운 반전이 일어난 것이다. 피고소인이 외려 배우자에게 폭행을 지속적으로 당한 거였다. 뿐만 아니라 연속적인 협박에 시달려온 터였다. 배우자인 계모는 인간으로써는 할 수 없는 그야말로 끔찍한 죄를 저지른 상태였다. 남편인 피고소인의 어린 아이에게 개밥을 먹이는 등 그야말로 극악무도한 아동학대를 일삼아온 사람이었다.

만약, 검수완박이 되어버리면 이런 경우, 우리는 보완수사를 못하기 때문에 실체 관례를 밝힐수가 없는 것이다.

각자 맡은 역할이 있다

가장 강조하는 말이다.

'검찰과 경찰이 갈등 구조로 가서는 안 된다'

'협업이 되어야지 나누기로 가면 곤란하다'

드라마 속 배역들은 각자 배역이 다르다. 지칭할 때 '역할'이라는 표현을 쓴다. 해서 자신의 역할은 무엇 무엇이라고 다른 배우들과 다름을 이야기한다. 서로 다른 역할을 맡아서 하지만 실상 한 작품을 위해 일한다. 각자의 포지션에서 움직이지만 목적은 같다는 의미다. 야구, 축구 등 팀플레이를 해야 하는 운동경기처럼 말이다. 축구 선수가 골을 넣는 역할만 한다면 어찌 되겠는가 말이다. 공격수, 수비수의 역할이 다르지 않은. 심지어 골키퍼는 골을 막는데 주력한다. 하지만 한 팀의 선수들과 목적이 다르지 않다.

검경 역시 각자 맡은 역할이 다르다. 자칫, 생각지 못하고 혹은 판단 오류를 범하고도 넘어갈 수 있는 일을 다시 한 번 바로 잡을 기회가 생기는 것이다. 스스로 판단미스를 찾아내는 건 누구라도 힘들기 때문이다.

'억울한 피해자를 줄일 수 있는 최고의 방법'

이는 검경이 각자 맡은 역할이 다르고 그 역할이 충분히 이뤄질 때라야 가능한 일이다.

드라마 속 배우들이 제각각 역할을 해냄으로써 완성도 높은 드라마가 만들어지듯 수사도 마찬가지다. 우리 검찰 측 수사관들이 검수완박의 법안에 대해 반발한 이유도 그 때문이었다.

검사실 내부에도 각자 맡은 파트가 있다. 검사가 있고 수사관이 존재하며 실무관이 각자의 역할에 충실 한다. 대부분의 수사는 수사관의 몫이며 기소는 검사의 몫이다.

'검경 협력은 반드시 필요한 부분이다.'

1차는 경찰에 2차는 검찰이 수사권을 갖는데, 피해자가 만약 경찰에서 억울함을 해소하지 못한 경우, 검찰에 억울함을 호소하여 다시 한 번 수사하도록 요청하여 억울함을 풀 수 있는 기회를 제공한다는 것이다.

협력하되 견제하는 관계가 지속되어야만 시너지가 생기는 것이다. 즉, 검찰이 수사권을 갖는 것은 예방적 효과, 일종의 견제 기능을 하겠다는 셈이다.

아직 검사가 해야 될 분야가 분명히 있다.

특히 경제 분야는 더욱 그렇다. 이유로, 전문 경제 분야는 체계적으로 공부한 사람도 이내 파악이 힘든 분야다. 쉽게 알아내기 힘들다는 거다.

뿐만이 아니다. 금융 사건이나 공정위 사건, 또 조세 사건 등은 사실상 일반인의 접근이 매우 어렵다. 보통의 수사관도 실상 접근이 힘들다.

조세 사건의 경우도 마찬가지라고 보는 게 맞다. 일반 수사관이 쉽게 접근할 수 있는 범위가 아니라는 말이다.

공직자 비리 사건의 경우는 공수처에 넘기면 된다고 하지만, 마약 등의 사건은 또 어긋날 수밖에 없다. 마약의 경우, 실상 조직폭력이 마약을 전담하는 경우가 많다. 따라서 검경이 하나가 되어 신속하게 대처해야만 한다. 그래야 범죄에 효과적으로 대응할 수 있다. 즉 검찰이 수사권을 갖는 것은 경찰의 미진한 수사에 대한 보완과 경찰의 수사권 남용에 대한 견제 기능을 하겠다는 셈이다.

그렇게 하기 위해서는 별도로 마약청을 떼어내는 구조를 두면 된다. 하지만, 현재 수사권한을 검찰과 경찰로 횡으로 잘라놓았다. 이걸 횡이 아닌 종으로 나누어 별도의 마약청을 만들고 마약조폭 수사권한을 마약청에 전담시키는 방식이다. 직접 수사를 담당하는 파트는 검찰 내부에서, 기소하는 분야와 수사하는 부서로 나누어 상호견제하는 시스템을 도입해야 된다.

　검수완박은 검찰의 수사권을 없앤다는 의미지 않은가. 하지만 검철 안에 수사관이라는 유능한 조직이 있지 않은가 말이다. 그들은 수사할 수 있도록 해줘야 맞다. 만약 검사들이 수사를 하고싶어 한다면, 이 수사관들이 하는 수사분야로 지원해서 들어가면 된다고 생각한다.

　사실 검수완박이 너무 단편적으로만 표현된 것이 문제일 수도 있다. 좀 더 입체적으로 구성된다면 애초의 목적도 이룰 수 있다고 생각하는 것이다. 이게 훨씬 더 지혜롭고 현명한 방법이라고 주장하는 것이다.

　좀 더 냉철하게 말하자면, 검수완박 자체를 반대한나는 것보나. 현 실정에서 검수완박을 받아들일만한 기관이 존재하지 않는다는 거다. 진짜 문제는 바로 그것이다.

검찰, 개혁이 필요해!

    나는 지금 검찰이 개혁하기에 좋은 시점이라고 생각한다. 이미 망가져 버릴 때로 망가져 버린 시스템이다.

    그렇다면 완벽하게 리모델링을 하면 가능할까? 그저 단순히 리모델링으로는 안 된다고 생각한다. 말 그대로 재개발재건축이 필요하다.

    조금 낡고 허물어진 게 아니기 때문이다. 일부를 고친다고 해서 완전히 달라질 수가 있나. 콜록 거리지 않는 사람이 없을 정도로 검찰 내에서는 곳곳에서 거친 기침이 터져 나온 지 오래다. 기침의 정도가 고약해 이미 뼈까지 녹아버린 상황이라는 말이다. 그러니 뼈대만 남겨 놓는다고 해서 무슨 의미가 있겠느냐는 거다.

    방법은 완전하게 해체를 시키고 다시 만드는 거다. 앞서도 강조했지만, 누누이 강조하는 건 어쩌면 아주 기본적인 것인지도 모른다. 그럼에도 이 기본이 안 이루어졌기에 늘 말썽이 컸다고 보는 것이다.

공격수와 수비수를 나누는 축구나 야구처럼 검찰 조직도 그렇게 각자의 포지션을 만들어 주자는 것이다.

지금까지는 두 그룹이었지 않는가. 검찰 조직 그리고 경찰 조직. 그로 수사권을 어떻게 나눌 것인가에만 관심이 있었다. 검찰과 경찰 조직을 그대로 둔 상태로 가는 구조였다. 앞서도 이야기 했지만, 특정 분야에 관해 일부 조직을 분리하여 독립시킬 필요가 있다. 각각의 분야대로 쪼개야 한다는 거다.

예로 마약 범죄는 마약청으로 독립해 떼어내고 공직자 부정부패는 공수처로, 앞서 주장한 것과 일치한다. 포지션을 각자 따로 맡아 가야 한다는 것이다. 종합병원 시스템이라고 하면 맞을까 싶다.

기본 검찰 쪽에서는 민생이나 경제사건 위주로 가야한다.

그 안에서 다시 쪼개기가 필요하다. 분리시키는 건 나쁜 게 아니다. 멀쩡한 도자기에 금을 내자는 말이 절대 아니지 않은가. 하나씩 나눠 또 하나의 도자기를 완성하는 시스템, 경제 파트 속에서 금융과 조세, 공정거래로 나누자는 거다. 이들 분야는 매우 전문적이어어서 짧은 지식으로는 해결이 어렵다. 따라서 금융, 조세, 공정거래를 담당하는 전문조직을 만들어 전문성을 높일 필요가 있다. 전문조직은 법무부나 대검찰청 산하에 두고, 해당 조직의 장이 독자적으로 수사할 수 있도록 해야한다. 미국에서는 공정거래와 관련하여 법무부 산하에 독점 금지국을 두되, 법무부 장관의 지휘를 받지 않고 독립적으로 운용되고 있다. 미국은 독점 금지국이라고 해서 범무부 장관 아래 독점 거래국이 있다. 하지만, 실상 장관의 지휘를 받지 않고 독립 조직으로 활동을 하고 있다.

물론, 조세 등의 분야로 가면 복잡해진다. 과태료 등의 처벌은 국세청에서 하고 있다. 공정거래도 마찬가지다. 그로 이러한 부분을 담당할 전문가 그룹이 검찰 내에 반드시 필요하다고 생각하는 것이다. 지금도 지금도 금융증권분야를 전담하는 금조부가가 서울 남부지범에 존재하지만, 조직의 구조나 실력이 지금보다 훨씬 높아져야 한다.

개혁은 경찰도 필요하다

 이건 경찰도 마찬가지다. 개별적인 전문 실력을 갖춘 이가 그다지 많지 않다. 전문 조직 그룹을 만들어 수사할 수 있는 파트를 만들어야 한다. 그리되면 훨씬 효율적인 대응이 가능하다.

 이렇게 나누다 보면 검찰에 남은 건, 민생과 경제 쪽이다. 이때 검찰은 다시 모든 걸 접수하게 되는가 궁금할 텐데, 그건 아니다.

 검찰내부에서 수사를 전담하는 파트와 기소를 전담하는 파트로 나누자는 거다. 그리고 수사파트는 검찰 내부에 두거나 독립시키면 된다. 국가수사본부가 지금 이 역할을 하고 있다. 검찰의 수사파트와 국가수사본부를 합하여 미국 FBI와 같은 독립적인 수사기관을 만들자는 거다.

 현재 우리나라의 경찰 수는 대략 12만 명이다. 한데 이중 사법 경찰은 2만 명정도로 알려져 있다. 사실 일반 국민은 사법경찰의 역할을 잘 모른다. 경찰 이라하면, 그냥 경찰인 줄로 안다. 국민들이 알고 있는 형사들이 모두 사법경찰이 아니다. 겨우 20% 정도만 사법경찰이다. 말 그대로 사법적 법을 적용, 처벌하는 영역이고 나머지 파트는 정보나 치안 그리고 교통 및 청소년 관련 등을 담당한다. 경찰의 주 업무는 사실 치안유지에 있다. 국민들이 만나는 대부분의 경찰은 사법경찰이 아닌 경우가 많다.

사법 쪽을 보자면, 치안 유지는 경찰의 독립적인 고유 업무다. 따라서 매우 독립적이다. 사법 경찰은 특수 사안을 주로 다루다 보니 아무래도 검찰, 법원과 연결되어 있다. 검찰도 행정조직 속에 있지만, 실질적으로 준사법기간이다. 내가 강조하는 건, 이 사법적인 부분을 떼어내자는 거다. 미국처럼 FBI와 같은 조직을 만든 다음, 범죄를 총괄, 전문 수사가 가능한 시스템을 만들자는 얘기다.

한데, 왜 경찰 조직에 오면 안 되는가, 경찰 조직 속엔, 조금 전 논했던 생활안전 및 교통 정보 등 다수 분야 사람들이 수사가 없이 간부가 된 경우가 있다. 그래서 수사전문가로 일하는데 적합하지 않다는 것이다. 단순히 서장이 엄청난 권한을 갖고 있어 소위 '몰빵'식 진행이 이뤄진다. 그렇다 보면 청탁의 유혹이 생길 수 있고 이 유혹에 빠지기도 쉽다.

경찰서장은 실상 내부권한의 절대 권력자다. 내부 인사권을 서장이 모두 쥐고 있기 때문이다. 승진을 좌우할 절대적 위치다. 그렇다

보니 서장의 마음에 안 들 경우 멀리로 보내버려도 할 말이 없어지는 거다. 드라마 속에서 곳곳으로 발령 받아 절절 매는 주인공을 자주 보았을 것이다. 바로 이런 경우다.

방법이 있다. 바로 아까 논한 사법경찰 시스템제도다. 사법경찰로 진행하면 위에서 논한 절대 권력자의 만행은 이뤄지기 힘들다. 수사 파트는 수사만 하면 되기에.

분리 되어 있는 전문가 그룹이 필요하다. 그건 검찰도 경찰도 마찬가지다. 과일을 생산하는 과수원에서도 과일을 따는 역할이 있고 포장을 전문으로 하는 담당자가 따로 있다. 일의 효율성이 훨씬 높아진다. 검찰을 이처럼 종과 횡으로 나누어 역할 분담이 되면 적절히 견제가 이뤄지고 일은 보다 더 효율성을 띠게 될 것이다.

현 공수처의 맹점

이처럼 검찰 조직 세분화에 초점을 맞추면 동의를 얻을 수 있을 것이다.

검찰 내부에서도 이런 소위 쪼갬 방식에 호응을 얻을 것으로 본다. 공수처는 이미 만들어져 있다. 이 말을 하면 저항이 있을지 모르지만, 나는 공수처 조직을 더 키워야 한다고 주장한다. 제대로 키워 제대로 써먹어야 한다고 생각한다. 어느 순간부터 공수처는 있으나 마나를 넘어 차라리 없던 게 나은 조직으로까지 이미지가 만들어졌다.

물론, 공수처의 맹점이 있다. 맹점이 제법 크다. 다름 아닌 검찰 출신을, 말 그대로 얼씬 하지 못하게 한 것이다. 그게 가장 큰 허점이다.

그게 무슨 문제냐 할지 모르겠다. 잘 생각해보면 알 것이다. 만약, 검찰 출신이 없으면 어떻게 수사가 가능하냐는 것이다. 검사가 수사 전문가인데 말이다. 현재 공수처는 수사 능력이 제로에 가깝다. 우리 검찰 내부만 보더라도 특수부와 형사부가 독자적으로 수사한 사건에 관히 다른 부가 관여할 경우 가만히 있지 않는다. 기소 부서를 별도로 둘 경우, 상호 견제와 균형이 이루져 공정한 수사가 될 것이다.

검찰에 대한 지식이 없다보니, 검찰은 다 같다고만 판단하는 것이다. 하지만, 천만의 말씀이다. 공수처가 온전히 구실을 하게 하려면, 옛 중수부 부장 출신이나 특수부 부장 쯤 지낸 사람을 보냈어야 했다. 그리 되면 그들이 함께 일했던 사람들을 포진해 데려왔을 게 아닌가. 그럼 이미 끝난 게임이 되었을 것이다.

특수부 검사들이 이슈사건에 대한 공격을 무수히 받는다. 때론 다치거나 위험을 감수하기도 한다. 그래서 안 하려고 한다. 그런데도 어쩔 수 없이 하는 이유는 무엇일까. 그래야만 검사로써 인정을 받게 되고 이후 좋은 보직으로 갈 수 있어서다.

그렇다면 공수처는 어떠한가. 보직이 없다. 앞으로 어디로 갈 자리가 없다는 말이다. 그런데 그곳에 자리를 앉혀놓고 수년을 버티라 하면, 누가 열심을 내겠는가 말이다. 따라서 태생적으로 실패할 수밖에 없는 구조인 거다.

정치, 완전한 시스템을
만들어야 한다

정부에서도 모를 리가 없다. 다 알면서도 만들어진 시스템이다. 자칫 총부리가 자신들을 향할 수 있다는 걸 알기에 조직을 강하게 만들지 못하는 건 아닐까? 그래서 이도 저도 아닌 맹탕이 되어 버렸을 것이다.

검찰은 다 나쁘다고 생각한다. 통상적 이미지가 전반적으로 그렇다. 왜 그런가 하는 건 이제 의미가 없다. 그렇게 된 데에는 수만 가지 이유가 존재하지만, 검찰 스스로 그렇게 만든 부분이 많기에 반성해야 할 부분이 맞다. 다만, 아쉬운 것이 있다면 모든 검사가 다 그런 것만은 아니라는 사실이다. 모두가 딱딱하지도 모두가 일적으로만 사람을 대한 다는 것 역시 검사에 대한 지나친 편견이라고 말하고 싶다.

검사도 똑 같은 감정을 가진 사람이다. 로맨스 드라마를 보며 눈물을 쏟기도 하고 축구 경기를 보며 두 팔을 들고 한껏 응원도 한다. 한데, 사람들은 검사들은 무미건조한 사람으로 생각한다. 오로지 아는 게 법에 관한 것뿐이라고 생각한다. 반론하자면 법에 관한 것만 아는 건 절대 아니다. 법에 관한 것을 가장 잘 알고 있을 뿐이다.

"검사님, 정말 고맙습니다."

"검사님이 아니었다면 정말 억울하게 끝날 일이었습니다."

"저는 검사님은 모두 딱딱한 줄 알았는데..."

드라마 속에 나오는 대사가 아니다. 가끔 눈물을 흘리며 검사의 손을 잡고 검사에게 고마움을 전하는 사람들이 있다.

그야말로 정의로운 검사들도 많다. 의를 위해 스스로를 희생하는 검사는 드라마 속에만 존재하는 것이 아니다. 밤새 수사기록을 살펴가며 한 명의 피해자를 위해 코피를 흘리는 검사도 있고 눈물을 쏟으며 유가족의 슬픔을 함께 하는 검사도 있다. 매해 겨울이 되면 현금을 봉투에 넣어 아무도 모르게 기부를 하는 천사 검사들도 있다. 나쁘게만 보니 나쁜 이미지만 떠올리는 것일 뿐.

좋은 장수가 있으면 좋은 군병이 따르기 마련이다. 공수처가 제 구실을 하려면 좋은 장수를 앉혀야 했다. 그게 가장 훌륭하고 현명한 방법이었다. 그랬다면 좋은 군병은 알아서 몰려들었을 것이다. 하지만 공수처는 그렇지 못했다. 명분은 좋았지만 실리를 채우지 못한 거다. 고위 공직자들의 비리를 밝혀내겠다는 취지만 뛰어났을 뿐,

실행 점수는 제로에 가까웠다.

뛰어난 감각을 가진 검찰 출신의 장수가 공수처로 가야 옳다. 그리 된다면 구조도 바뀌고 인식도 바꿀 수 있다. 자신들만의 프라이드를 만들 수 있는 여건을 만들어줘야 한다.

온전한 공수처의 모습은 현재 이뤄지지 못했다. 실패작이라고 봐야 맞다. 누군가 결단을 내줘야 한다. 대통령이든 양당 결단이든, 실패작을 그대로 둘 수는 없지 않은가.

검찰 내부엔 조사과와 수사과라는 별도 수사조직이 있다. 내가 주장한 바는 그곳을 이용해보자는 거였다.

일반적 사건들은 모두 일단 내려 보내고 경찰에서 다루기 힘들고 민감한 사건들은 이곳으로 보내 수사를 해보자, 그걸 토대로 검사가 지휘한 다음, 지휘 여부를 결정하자 주장했다. 그리되면 서로 균형과 견제가 될 것이 아니냐는 게 내 의견이다. 그리 되면 수사 파트는 자신들이 수사권한을 쥐고 있기에, 검사와 싸우는 경우가 많아질 것이다. 그 시스템이 필요하다고 생각한 것이다. 내가 수원지검에 있을 때 이 모델로 키워 보려고 시도한 적이 있다. 성과가 좋았다. 검사들이 좋아한 이유는 믿고 맡길 수 있는 조직에게 주니 불만이 생기지 않았다.

검찰은 무조건
믿지 못할 사람일까?

　사람들은 검찰 조직은 여전히 믿지 못할 사람, 믿어서는 안 되는 조직이라고 여긴다. 해서 중요부서로 거처를 옮기는 순간 사건을 왜곡시키려 일을 벌이려 한다고 판단한다. 한데, 이 판단을 한 건 다름 아닌 피해를 본 사람들이다. 정치인들이 일을 잘 못해 놓고서도 마치 검찰이 잘 못해 일이 벌어진 것처럼 호도해버리기 일쑤다.

　"내가 유죄를 받은 건 온전히 검찰 탓"

　"무리한 수사가 이뤄진 것도 검찰 탓"

　"무조건 믿지 못할 사람들, 검찰"

　"믿고 싶지 않은 집단, 검찰 탓"

　탓, 모든 탓을 검찰에게 돌린다. 잘한 건 모두 내가 덕이 높아 그런 것이고 죄가 나온 건 죄다 검찰이 제 멋대로 내린 결론 탓이라고 주장해댄다.

　너무 자주 그러다 보니 그런 모습들이 국민들에게 매우 익숙해져 있다. 잘 못해서 죄를 물어도, 무리한 수사라 그리 된 거라고 박박 우겨댄다.

유죄를 유죄라 한 것이 죄라면, 진짜 죄를 지은 사람에겐 뭐라고 하라는 말인지. 그렇게 하다 보니 불신이 이미 높아져있다. 결국, 조직이 망가질 수 있는 것이다. 이때, 검찰이 어떤 역할이 있게 되었더라도, 불신의 장벽 때문에 이루지 못하게 되는 것이다. 정부에 대한 불신이 커진 탓이다.

지금도 별반 다르지 않다. 의견이 옳고 그름을 떠나, 사실인지 아닌지를 떠나 자신에게 돌아올 이익이 무엇인가만 계산을 한 다음 진실 여부를 결정하려고 든다. 그러니 각각 개인의 상황에 따라 진실이 달라지기도 한다. 모두가 고개를 끄덕이게 만드는 게 아니라, 각각의 진영에 따라 사실여부가 다른 것이다.

검찰도 고발당할 수 있다

　예전만 하더라도 검사의 직접 조사는 중요인사나 보완적인 조사 등 극히 제한적인 범위에서 이루어졌지만, 요즘은 사회적 이목을 끄는 사건들은 일단 검사의 직접조사로 진행되고 있다. 수사관이 조사를 하고 검사가 보완하던 기존의 방식은 수사관과 검사간의 보완, 또는 견제가 있어 편향되지 않고 공정한 수사를 진행할 수 있었다.

　하지만, 조사, 기소, 공소유지 등을 한 검사가 진행하게 되면, 자칫 피고인에 대한 편향된 시각으로 수사의 오류가 생기더라도 인정하지 않으려는 경향이 발생할 수 있다. 검사의 직접조사 폐해를 견제할 수 있는 장치가 전무하다.

　뉴스에서 파란 박스를 들고 압수수색을 하겠다는 검찰측과 사건과 무관한 증거자료를 압수수색 하는 것은 부당하다며 맞서고 있는 피고소인측들의 대립을 볼 수 있다. 물론, 모든 경우가 다 그렇지는 않지만 사회적 이목을 끌고 있는 중요한 사건의 직접수사시 본 건과 관련없는 부분까지 포함된 광범위한 압수수색을 통해 먼지털이식으로 무리하게 엮어 수사가 진행되기도 한다. 이런 먼지털이식으로 별건수사가 더해지고, 수사기간 또한 장기화된다.

예컨대, 사법농단사건, 김학의 불법출금 수사외압사건 등 중요사건처리시 주요인물에 대해서는 수사를 진행해 사법부의 판단을 묻지만, 추가된 별건사건들의 수사 결과는 주요사건 재판 확정시까지 처리하지 않고 보류하는 사례가 많다.

수사를 받는 당사자로서는 판정이 불확실한 상태로 장기간 희생을 강요 당하는 인권침해가 이뤄질 수밖에 없다. 이는 취업이나 사업 등 개인적인 생활에 물리적, 정신적으로 막대한 지장을 초래하게 된다. 이 피해는 누구에게 물어야 할까.

"무엇이든 하나만 걸려라."

광범위한 별건수사에 제한을 두어야 한다. 또 수사로 인한 피해에 대해 손해배상을 청구할 수 있는 특별법을 제정해야 한다. 검찰도 의도된, 또는 잘못된 수사로 국민의 일상에 피해를 줬다면 배상해야 하는 것이 당연한 것이 아닐까.

전문조직의 필요성

"OOO배우가 마약투약 혐의로 조사 중입니다."

유명스타가 마약을 했다는 뉴스가 최근 종종 보도되곤 한다. 사람들은 자신이 좋아하던 대중의 스타가 다른 것도 아닌 마약을 투여했다는 사실에 큰 충격을 받았다. 마약은 오래전이나 지금이나 대중들에게 충격을 주는 화두가 아닐 수 없다.

요즘 뉴스에서 연일 화두가 되는 마약에 대해 논하고 가야겠다. 유명연예인들이 마약관련 보도를 타면서 이제 대한민국이 마약의 안전지대가 아니라는 사실은 누구나 알고 있다. 청소년에게까지 마약이 들어가 있는 상태이니 말이다.

최근에는 유학이 전처럼 힘든 상황이 아니다보니 해외를 드나드는 유학생이 참 많다. 마약을 하지 않았더라도 주변에서 마약 하는 친구들을 대부분 본 적이 있다고 말들을 한다. 그렇다보니 아무렇지 않게 마약에 손을 대는 경우도 많다.

우리나라로 반입이 되는 경우도 전보다 많이 늘었다. 한국으로 마약을 팔러 들어오는 해외 조직들도 자주 뉴스에 등장하지 않던가. 각종 방법을 동원해 운반된 마약은 곳곳으로 소리 없이 전해지며 우리 사회를 파괴 중이다.

살펴볼 것은, 앞서 이야기 한 대로 마약전문 담당을 따로 둬야 한다는 내 주장과 일맥상통되는 부분이다.

무엇인가 하면, 이미 마약에 관해서는 컨트롤 타워가 지금 없는 상황이다. 중심부가 없으니 실상 아무것도 없다고 보는 게 더 옳겠다.

"마약 담당자가 없습니까? 그럼 마약책을 잡는 형사는 누구인가요?"

현재, 일반 형사들이 각종 수사를 하며 마약책을 함께 담당해야 하는 실정이다. 좀 더 솔직히 말하자면, 이전처럼 마약 전담 경찰들도 열심히 하지 않는다. 어쩌면 하지 않는다기 보다 할 수 없다고 말하는 게 정답에 가까울 것이다.

이유가 무엇이냐고 물을 것이다. 앞서 이야기 한 것처럼 마약직도 신설해 거대한 자원으로 키웠다. 그런데 막상 구실을 하지 못한 것이다. 결코 적지 않은 숫자인 3백여 명 정도나 된다. 이렇게 거대한 조직의 우수한 사람들을 확보해 두고서도 모두 사라지게 만들었다.

과연 어떤 문제일까. 이유는 허망할 만큼 너무도 단순하다. 경찰에 국수본이 생기면서 수사 잘하는 사람들이 죄다 다른 쪽으로 가버린 것이다. 말 그대로 알맹이가 모두 빠져나가 버린 것이다. 그렇게 주요 수사담당자들이 대부분 다른 파트로 가버리고 나자, 마약 담당 베타랑 경찰이 전무해져 버린 것이다.

그렇다 보니, 마약이 사방에서 범람해도 잡을 수 있는 인력이 턱없이 부족한 상태가 되어 버린 것이다. 해서 나는 전문 조직을 만들되, 앞서 이야기 한 대로 횡과 종으로 나누되 이걸 체계적으로 관리하고 고유 권한을 부여해야 한다고 주장하는 것이다. 만약 마약 전문 전담 부서의 형사 인력이 지금 그대로 남아 있었다면, 지금과 같은 문제는 발생하지 않았을 것이다.

해서 마약청 관련, 이미 그전에도 계속 주장을 했지만, 받아주지 않았다. 조직은 아주 구체적이면서도 매우 전문인이어야만 한다. 전공자 혹은 그 이상을 현장의 전문가로 일해 온 사람이어야만 한다. 자격증까지 소지했으면 금상첨화다. 이처럼 전문가들로 구성되어야 허점이 발생하지 않는다. 백 프로 확신할 수 있는 전문인을 뽑아두어야만 문제가 생기기 않는다.

애초 발생조차 하지 못하게 할 수 있는 전문조직 역시 필요하다. 곳곳 구멍이 뚫려 있다면 조직이라는 이름이 필요가 없는 것이다.

지금 논하고 있는 마약으로 판단해보자.

현재는 마약 투여 자들을 잡아들이는 데만 혈안이 되어 있다. 한데, 생각해보면, 애초 공급 책이 없다면 불가능한 일이지 않은가 말이다. 마약을 공급하는 집단을 전문적으로 연구하고 잡아들이는 전문 인력을 둬야 한다는 것이다. 다른 분야에서 잠깐 나누기 식이 아닌, 전담 부서와 전문가 말이다. 지금 내내 주장하는 것 중 하나다.

이렇게 하려면 내내 주장했던 조직이 필요하다. 사실 밑에서 일하는 잡범들은 잡아들여도 당장의 한시적 효과만 있을 뿐, 근본적 문제를 해결할 수는 없다. 근본 문제를 해결하려면, 전문 인력구성이 필요하다. 마약이 어떻게 만들어 지는가,에서부터 마약 공급은 어떻게 이뤄지는가 판매구조와 기타 사항을 줄줄 외우고 있는 전문 조직 말이다.

그리되면 공급원이 끊어질 테고, 아예 찾는 사람이 발생치 않게 된다. 해서 나는 늘 부서별 전담반을 검경이 설치해야 한다고 주장하는 것이다.

다른 정치인이 되는 방법!

"뮤지컬이요?"

"검사님 뮤지컬 좋아하셨어요?"

"좋아하지 않았는데, 좋아졌어!"

요즘 자주 듣는 질문 중 하나다. 대답한 것처럼 나는 사실 뮤지컬을 좋아하지 않았었다. 잘 몰랐으니 좋아하고 말고 할 일도 없었다. 뮤지컬이라니, 언뜻 생각해도 검사와는 전혀 안 어울리는 콘텐츠다.

대검에 인제 과학수사 담당관을 할 때였다. 여러 파트로 나뉘어 일을 하는 곳이다. 가서 보니 각 파트에 전문가들이 상주해 있었다. 영상분석을 위한 사진전문가, 컴퓨터 담당자, 뭐 이런 식으로 파트별 전문가들이 일을 맡아하고 있었다.

하지만 서로 분야가 다르다 보니 자기 영역에만 충실할 뿐, 교류는 갖고 있지 않았다. 그렇다보니, 화합이라는 게 존재하지 않았다. 더군다나 이미지가 뭔가 부드러움 보다는 경직되고 반듯반듯해야만 할 것 같은 분위기. 내가 일하는 곳은 늘 그랬다. 그 누구도 이미 곧게 새겨진 이미지를 벗어내려고 하지 않았다.

나는 그런 이미지가 싫었다. 검찰하면 죄다 딱딱한 사람, 소위 바늘로 찔러도 피 한 방울 나올 것 같지 않은 사람처럼 생각하지 않는가. 사건을 마주할 때는 그 모습이 중요함을 넘어 필요할지 모르지만, 평소에도 늘 어이질 필요가 있을까 싶었다.

다른 검사가 되고 싶었다. 보통의 사람들이 생각하는 검사를 넘어선 검사, 존경을 받아야 한다는 고리타분한 목표가 아닌, 사람 냄새가 풍기는 다른 검사 말이다. 옆 집 아저씨 같아서 편한, 슈퍼 주인 같아서 좋은 그런 아저씨 검사 말이다. 그걸 실천하고 싶었다. 우선 멀지 않은 곳에서부터 말이다.

해서 영화를 함께 볼까 했지만 다들 지겨울 것 같다고 했다. 오페라는 어떨까 싶었지만, 너무 어려운 분야라서 마니아가 아니면 좋아하지 않을 거라고 했다. 맞는 말이었다. 그때 공정위에서 하던 뮤지컬을 감상했던 기억이 떠올랐다. 난데없이 점심시간을 이용해 뮤지컬 감상을 한 번 해보자고 제안했다.

"그럼 우리 뮤지컬 감상을 해보면 어때?"

"뮤지컬이요?"

"그래, 뮤지컬"

"검사님 뮤지컬 좋아하세요?"

고개를 끄덕이는 나를 보며 모두가 희한한 표정이 되었다. 그쯤, 무에 그리 놀라운 일이라고? 나는 아이처럼 방긋 웃었다. 내 표정에 모두 방긋 웃었다. 서로 웃으니 좋았다.

충분히 가능하다고 생각했다. 우리라고 못할게 뭐 있담?

마침 수십 명이 들어갈 수 있는 소강당이 마련되어 있었다.

첫 뮤지컬 공연실활 CD를 준비해서 상영하였다. 반응은 폭발적이었다. 처음 관객은 삼사십 명 정도였는데 이후 육십 여명 가까이 참석했다. 이후 꾸준히 수십 명씩 찾아와 주었다.

희한하지, 감동이 파도처럼 밀려왔다. 대단해서가 아니었다. 스케일이 커서 입이 떡 벌어지게 만든 것도 아닌데, 박수치는 사람들의 마음이 그대로 전달되었다.

맞다. 안다. 이쯤으로 내가 다른 검사라고 말할 수는 없다. 하지만, 누구도 시도 하지 않았던 일을 시도 했다는 것만으로도 뿌듯했다. 일단, 다른 검찰이 되기 위하여 노력한다는 걸 보여주었으니까.

이제 시작이었다. 시작이 반이라는 명언이 있지 않은가. 벌써 반은 온 셈이니 도착지가 멀지 않았다는 거다.

이후 생각지 못한 일들을 곳곳에서 보여줄 참이다. 비단 보여주는 데 그치는 게 아니라, 진짜 다른 검사가 되는 게 나의 목적이니까. 아마도 나의 노력은 계속 이어질 테다.

나는 다른 검사가 되고자 했다. 누구보다 가까이서 소통하는 사람이길 원했다. 나는 지금과 앉아 있는 곳이 달라질 지라도 그 마음은 변치 않을 자신이 있다. 검사든, 의원이든 국민을 위해 일하는 건 매 마찬 가지다. 서로 다른 색깔의 옷을 입고 있을 뿐, 국민을 위해 몸을 바쳐야 하는 건 마찬가지다. 한데, 대접을 먼저 받으려고 하니 문제다.

　검사를 해오는 동안 대접 받는 사람보다 먼저 다가가서 대접 하는 사람이 되고자 했다. 생각지도 않은 뮤지컬을 제안한 것도 그 때문이었다. 정치인이 된다고 달라지랴. 국회의원들이 국민들과 함께 멋진 뮤지컬을 만드는 건 상상만으로도 가슴 벅찬 일이다. 국민과 함께 관람하고 박수치며 환호하는 순간을 꿈꾼다. 그건 상상으로만 가능한 일이 절대 아니다. 내가 검사를 하며 절대 불가능할 것 같은 일을 해오지 않았는가. 우리나라 국회는 국민과 너무 이질감이 크다. 우리는 국회, 나는 국회의원, 당신은 국민, 서로 경계를 그어 놓고 있지 않은가. 대통령도 국회의원도 모두 국민일 뿐이다. 같은 국민과 함께 같은 자리에서 함께 웃고 울 수 있는 사람이 되기를 소망하는 중이다.

246

epilogue

'하필 자전가가 또 펑크가 나버렸네'

친구 놈이 결국 앞서 가버렸다. 학교 가는 길, 나는 걸핏하면 펑크가 난 자전거를 수리하곤 한다. 그래도 좋다. 아버지가 사준 자전거가 아닌가.

학교로 들어가려고 몸을 돌린다.

"성식아. 신성식!"

누군가 나를 부른다. 뒤를 돌아보지만, 아무도 보이지 않는다. 누굴까. 왠지 익숙한데 또 낯선 목소리다. 한 삼십년쯤? 아니 사십 년쯤 세월이 흐르면, 혹시 내 목소리가 그렇지 않을까 싶던 때, 다시 목소리가 들리는가 싶더니 바람소리만 휑하다.

"그럼 그렇지."

나는 피식 웃으며 돌아선다. 설마 먼 미래에서 나를 찾아온 '나'는 아닐 테지. 수십 년 후에 중학생 시절의 사진을 들여다보며 나를 부른 건 더더욱 아닐 테지. 정말 그랬다면 와우!

엉뚱한 상상을 하며 교문으로 들어선다.

중학교시절, 학교 앞에서 찍힌 사진을 쳐다본다. 누가 찍어준 건지 기억이 없다. 혹시 먼 미래인 지금, 오늘 내가 찍어준 사진은 아닐까?

소년, 아니 내가 학교로 들어간다.

내가 피식 웃고 있다.

2023년 한 해의 끝자락

신성식

검찰은 사유화 할 수도 없고, 사유화해서도 안된다

- 삼성바이오로직스 분식회계, 이재명 당대표 변호사비 대납... 劍事'(칼검)의 전형
- 국민을 위해, 검사선서를 믿고 일하는 다수의 선·후배 검사를 지켜야
- 국익에 도움되는 새로운 길, 새로운 삶을 찾을 것

저는 서울중앙지검 3차장검사, 대검찰청 반부패강력부장, 수원지검 검사장 등 22년 간의 검찰 생활을 마무리하고 새 출발하게 됐습니다.

"나는 이 순간 국가와 국민의 부름을 받고 영광스러운 대한민국 검사의 직을 나섭니다. 공익의 대표자로서 정의와 인권을 바로 세우고 범죄로부터 내 이웃과 공동체를 지키라는 막중한 사명을 부여받은 것입니다."

영화와 드라마에서 봤던 검사선서입니다. 저를 포함한 모든 검사의 좌우명이기도 합니다. 어떻게 보면 순진하고, 고지식한 저는 검사가 된 그 순간부터 이 말을 철칙으로 여겼습니다. 검사로서 봉직하는 동안 국민을 위해 봉사할 수 있어서 행복했습니다.

하지만 솔직히 회의감이 들 때도 있었습니다. 가장 힘들었던 건 제가 생각하

는 '검사'의 정체성이 흔들릴 때였습니다.

제가 생각하는 검사는 '검사선서'에 담긴 말 그대로 사건을 조사하고 검사하는 '檢事'(검사할 검)입니다. 오직 법과 원칙, 증거와 법리에 따라 사건의 실체를 파악하고 국민이 주신 기소권을 사용하려고 부단히 스스로를 채찍질했습니다.

하지만 일부는 칼을 휘두르는 '劍事'(칼 검)가 맞다며 이를 강요했습니다. 심지어 제가 '검찰의 꽃'이라는 검사장이 됐을 때도 '칼의 검'이 맞다며 반대의 길을 걸으라는 압박과 싸워야 했습니다. 그럼에도 검사의 본질에서 벗어나지 않으려고 부단히 노력했습니다. 영화 속에 권력의 설계자들처럼 '검(劍)'을 휘두르려 하지 않고, 용기 있고 따뜻한 검사가 되고자 했습니다.

지금 저의 22년을 통틀어 되짚어 보면, 삼성바이오로직스 분식회계 의혹 사건과 이재명 더불어민주당 대표의 변호사비 대납사건은 검사로서 가장 화나고 자괴감이 들었던 사건들입니다.

저는 법과 원칙에 따라 묵묵히 일하는 이천여명의 검사들과 식구들에게 늘 감사합니다. 하지만 칼을 휘둘러야 진짜 검사라고 생각하는 이들에게는 그들의 잘못을 반드시 깨닫게 할 겁니다. 그것이 대한민국을 지키는 길이라고 생각합니다.

지금까지 제가 검사의 본질을 지켜오는 길을 걸었다면, 앞으로는 변질된 그 가치를 다시 되돌리는 길을 가려고 합니다. 그 길 속에서, 저의 새로운 삶, 국익에 도움되는 삶을 찾겠습니다. 많은 격려와 성원 부탁드립니다. 감사합니다. //끝

검사
신성식

초판 1쇄 인쇄일 2023년 12월 24일
초판 1쇄 발행일 2023년 12월 30일

저자   신성식
펴낸이   장성순
책임편집   장현주
디자인   양은정
마케팅   진병훈
인쇄   한솔미디어
펴낸곳   해피스토리

주소 서울특별시 마포구 월드컵북로207, 근녕빌딩 302호
전화 02-730-8337 / 팩스 02-730-8332 / 이메일 happistory12@naver.com
출판등록 2006년 12월 6일 제300-2006-174호
홈페이지 http://www.happistory.com

ISBN   979-11-93580-04-2 (03300)
정가   20,000원

당신의 이야기가 곧 역사입니다.